国家出版基金项目
NATIONAL PUBLICATION FOUNDATION

中國關稅問題

武堉幹◎著

山西出版傳媒集團
山西人民出版社

圖書在版編目(CIP)數據

中國關稅問題 / 武堉幹著. -太原： 山西人民出版社，2014.12
(近代名家散佚學術著作叢刊 / 許嘉璐主編)
ISBN 978-7-203-08801-1

Ⅰ. ①中… Ⅱ. ①武… Ⅲ. ①关税自主-中国-民国 Ⅳ. ①F752.96

中國版本圖書館CIP數據核字(2014)第234794號

中國關稅問題

主　　編　許嘉璐
著　　者　武堉幹
責任編輯　馮靈芝

出 版 者　山西出版傳媒集團·山西人民出版社
地　　址　太原市建設南路21號
郵　　編　030012
發行營銷　0351-4922220　4955996　4956039
　　　　　0351-4922127(傳真)　4956038(郵購)
E-mail　sxskcb@163.com　發行部
　　　　　sxskcb@126.com　總編室
網　　址　www.sxskcb.com

經 銷 者　山西出版傳媒集團·山西人民出版社
承 印 廠　山西出版傳媒集團·山西人民印刷有限責任公司

開　　本　700mm×970mm　1/16
印　　張　12.75
字　　數　94千字
印　　數　1—3000册
版　　次　2014年12月　第1版
印　　次　2014年12月　第1次印刷
書　　號　ISBN 978-7-203-08801-1
定　　價　28.00圓

《近代名家散佚學術著作叢刊》編委會

出版說明

近代名家散佚學術著作叢刊選取一九四九年以後未再刊行之近代名家學術著作共一百二十册，編例如次：

一、本叢書遴選之著作在相關學術領域具有一定的代表性，在學術研究方向、方法上獨具特色。

二、爲避免重新排印時出錯，本叢書原本原貌影印出版。影印之底本皆經專家組審定，原書字體大小，排版格式均未做大的改變，原書之序言、附注皆予保留。

三、本叢書分爲八大類，以作者生卒年編次。

四、爲使叢書體例一致，本叢書前言後記均采用繁體字排版。

五、個別頁碼較少的版本，爲方便裝幀和閱讀，進行了合訂。

六、少數學術著作原書内容有個別破損之處，編者以不改變版本内容爲前提，部分進行修補，難以修復之處保留缺損原狀。

七、原版書中個别錯訛之處，皆照原樣影印，未做修改。

八、所選版本之抽印本頁碼標注，起始至所終頁碼均照原樣影印，未重新編排標注新頁碼。

由於叢書規模較大，不足之處，殷切期待方家指正。

總序／

披沙瀝金，以爲鏡鑒

◇許嘉璐

多年來有一個問題始終在我腦中盤桓：爲什麽在十九世紀末到二十世紀初，在短短的幾十年裏，中國的各個學術領域竟涌現了那麽多大師級的人物？這是中國近代史上一個極爲重要的現象，我認爲，如果不能給出令人滿意的答案，我們撰寫的近代學術史將是不完整的，甚至是缺乏靈魂的。後來我知道，著名人類學家克羅伯曾提出過一個問題：爲什麽天才成群地來？看來這種現象的出現並非中國所獨有，思考其所以然的也大有人在。而在那一次世紀之交中國的情况，似乎應驗了「天才成群地來」這個令克氏久久不解的疑問。錢學森先生曾從相反的方向提出了相同的疑問：爲什麽我們這個時代出現不了杰出人才？後來人們稱這個問題爲「錢學森之謎」。

要回答這些疑問不是件容易的事。與其迅速地囫圇地探尋，不如先多了解那些讓中國近代學術（應該包括人文科學和自然科學）史上閃耀着光輝的大師們的作品和自述，從而在腦海里盡量「復原」他們所處的環境和在那種環境下的心理路徑，從中或許可以得到一些啓示。

有一點是顯然的，這就是他們雖然都已遠離塵世而去，但是他們獨立思考的品性、求知治學的真誠、困厄窮愁中對節操的堅守，恐怕是他們共同的主觀因素，一直影響到現在，而且將會永遠留存下去。

就思想界、學術界而言，二十世紀上半葉是一個新説和舊説碰撞，中學和西學融匯的大時代。那時的學人極爲重視言行操守，同時具備現代知識分子的理想信念；他們的學術研究十分純净，絶少功利因素；他們的視界開闊，以包容的心態和嚴謹的風格造就了成果的大氣與厚重。至於在客觀因素一面，他們實際是在用工業化時代的事實解説着太史公所説的名山之作「大抵聖賢發憤之所爲作」，困厄苦難使得他們「皆意有所鬱結」。這種鬱結，幾乎和個人的名利毫無牽涉，他們永遠不能釋懷的，是民族的存亡、國運的興衰、民衆的福禍和文脈的續斷。

那個時代也是近代歷史上最大規模的中西古今學術調適、創新的時期，學術方法上的交互滲透和融合、創新亦可謂「於斯爲盛」。斯時之學人是要在封閉的屋墻上鑿出窗子的勇士，是使人能够看看外部世界的第一批導夫先路者；或者可以説，他們是在「意有所鬱結」時「彷徨」和「吶喊」的「狂人」。

相對於那時的哲人們，後來者是幸運兒。現在的形勢是，近三十年來學界空前繁榮，衆多學科有了長足之進，其中很重要的一點是學界有了更新穎、更廣闊的國際視野，似乎接續上了百年前的學壇盛事。但細想想，「古」與「今」還是有差別的。其异，主要不在於世界情勢、學術進展、工具改善這些客觀存在，而在於在廣泛吸收各國優長的同時，自身文化的主體性越來越受到重視，換言之，「拿來主義」已經延長了「拿來」的程序，加上了試用、甄别、篩選、吸收、融合、成長。就我孤陋所見，在當今地球上，面向所有異質文明，努力汲取我之所缺，其範圍之大和心態之切，似乎無出中國之右者。從這個角度説，我們已經超越了前輩。但是事情還有另外一面，學術，特别是人文學科，其職業化、「沙龍化」和功利性，以及隨之而來的浮躁病却嚴重了。從這個角度説，是不是我們已經後退得够可以的了？而這是不是我們這個時代出不了大師的原因之一呢？

民國學術界的特點之一是極爲注重對傳統文化的反省、批判與繼承。他們對傳統文化盡最大的努力進行整理和研究。一方面，由於戰亂頻仍，民不聊生，學者們擔起了讓中華文化薪火相傳的歷史責任；另一方面，他們要通過對中國傳統文化的整理，挖掘來重振民族自信心。這一時期對傳統文化進行整理的全面而深入是前所未有的，舉凡文字學、語言學、經濟學、法學、哲學、政治制度、書法繪畫、金石學……規模之宏大，研究之精微，令人嘆爲觀止。

民國學術推動了現代學科體系的建立。在對傳統文化整理和研究的基礎上，吸收西方的文化思想和理念，推動和建立了中國現代學科體系。例如，在對語言文字和音韻學成果進行整理、研究的基礎上開始着手規範之，建立了國語學；深入研究書法、國畫，將其融入了現代美術學科；在廢除舊有學制後逐步建立起小、中、大學較完整的科目和學科體系。

民國學術也改變了傳統學術方式，建立了新的研究範式。以現代科學考古爲發端，科研的實踐和成果使中國知識界真正認識到在實驗、比較基礎上的邏輯分析對學術研究的重要，推進了中國學術的一大演變。至於我們常說的打破士大夫傳統、走出書齋到田野鄉村和市民中進行調查研究、結束了經學時代、以歷史眼光檢視儒學和諸子等等，都是確立新學術範式的努力。這一轉變，也標誌着中國學術界脱胎换骨，全面進入了現代，爲此後的學術發展奠定了堅實的基礎。當然，西方啓蒙運動以來，在「現代性」和「現代化」裏潛伏着的缺陷和謬誤也傳到了中國，這些不能不在前哲的著作裏留下痕迹。這並不奇怪。類似的情況，古往今來孰能免之？猶如今天的我們，誰敢自稱我之所見就是永恒的真理？在這個問題上兩個時代所異者，或許就在昔時大家創立新説或譯註西學著作，往往是懷着對學術和前哲的敬畏而爲之，故而常常誤不在我；當今則往往出於對學問和他人的輕蔑，或以所研究的對象爲謀己的工具，因而難辭主觀之咎吧。翻閱他們的心血之作，這些復雜的狀況可以顯見，可以視之爲我們的一面鏡子。

滄海桑田，世事變幻，歷史的動盪和時代的遮蔽，使當年許多大師的一些極有價值的學術著作被棄於故紙堆中，不能不令人有遺珠之憾。爲此，山西人民出版社不惜以數年之艱辛，披沙瀝金，編輯出版這套近代名家散佚學術著作叢刊，凡一百二十册，計文學、史學、政治與法律、美學與文藝理論、民族風俗、宗教與哲學、經濟、語言文獻共八大類別。所選皆爲作者之純學術著作，無論是其見解、精神，抑或是其時代烙印，都是後輩學人可資借鑒的寶貴財富。他們出版這套叢書，意在讓世人不忘來程，知篳路藍縷之不易，爲民族文化的傳承再增薪木。

出版社的初衷，與我近年來所思所慮近似，故願略述淺見於書端，以與策劃者、編輯者和讀者共勉。

二〇一四年七月六日

改定於自安東回京途中

前言／精神、历史与事实

◇樊綱

中國古代不乏有趣和重要的經濟思想，但是就形成知識體係的理論或「學説」而言，中國現代經濟學的發展是從嚴復一九〇一年引進翻譯出版英國人亞當·斯密的國富論（一七七六）（當時譯爲原富）開始的。就是説，是從學習西方開始的。也屬於一個落後國家學習與追趕發達國家過程的一個組成部分。

從原富出版（以至更早時期天演論的翻譯和出版），到辛亥革命前後至五四運動時期，中國應該説是發生了第一次思想解放的進程，也就是中國的啓蒙運動，學習研究西方發達國家的科學技術、政治社會理論和人文思想，進入了一個新的時期。在大約半個世紀的時間裏，「大師」成批地出現，進入了一個學術研究的繁榮時期。除了大量翻譯西方的著作，中國人自己的經濟學研究力量也逐步形成，並逐步運用現代的理論和方法，來研究中國的社會、中國的經濟，用現代方法進行的實地調查研究，也多有發生。雖然有連續不斷的內戰和抗日戰爭，學術研究却仍在繼續，陸續出版了許多專著和論文。我們這些在「文化大革命」後才進入學術領域的後人經常會好奇：那麽一個戰亂的時代，那些前輩怎麽還在做研究？怎麽還能做研究？每當看到一本那個時代出版的泛黄的「故紙」，一定是仰慕之情油然而生。

也許正是因爲戰亂，因爲當時的落後與貧窮，許多著作出版了，又散落了。有的没有得到應有的傳播，有的研究被打斷，無法産生大的影響。現在山西人民出版社將一些不大爲人所知和没有再印的散佚經濟學著作收集出版，既是拯救，也是發揚。用現在的眼光看，有的著作也許「淺顯」，但這些著作的價值和從中我們可以學到的，其實首先在於以下的一些東西：第一是精神，那種不求世俗功利，出自好奇心在亂世中探索真理的風骨；第二是歷史，我們中國人的思想史，我們現在學的這些東西是如何從外面舶來而在中國的土壤上生根和發展的；第三是事實，是那一輩學者在艱苦的環境下記録下來的當時和以往的事件與史料，這些已經不可復得，但却是我們在研究近現代中國經濟發展的整個進程時不可或缺的。

一代人有一代人的使命，也有一代人的局限。翻閲古籍，令我們思考我們能爲這個國家、這個民族、這個世界留下哪些遺産，我們的後輩將如何評價我們？

二〇一四年八月二十一日 寫於深圳

作者簡介

武堉幹（一八九八年—一九九〇年），湖南省溆浦縣人，國際貿易學家。一九二一年大學畢業後，任上海商務印書館會計員。一九二四年任東方雜志編輯，編刊之餘，埋頭著述，先後發表了二百多篇有關國際貿易和國際問題的文章，出版了中國國際貿易史等專著，應聘到上海法學院、中央大學商學院講授國際貿易課。著作有鴉片戰爭史、中國國際貿易概論和譯著人口問題等，被譽爲「國際貿易學權威」、「中國對外貿易史的著名專家」。

序

關稅問題，關係中國目前政治經濟國權均極重要，近年以來，有識之士殆均注意及此；卽坊間關於此項問題之著述，亦嘗汗牛充棟，足令吾人無暇卒覽。此書之輯，自問亦無特別發揮，足以超越前賢，豈敢侈云撰著；惟竊念中國關稅問題，內容至爲複雜：非獨各種稅則之協定，與夫稅權之旁落，均自有其悠久特殊之歷史，卽修改稅則與關稅自主運動，亦嘗經歷不少之變遷波折，故本書特欲對於此項歷史方面之事實，作一扼要的系統敍述，計自南京條約稅權受限制起，迄至最近國民政府實施新稅則，關稅自主完成爲止，凡有關於關稅問題之史實皆扼要彙述之。一方面固欲藉此短編以便攷察我國稅權喪失之痛史，而他方面亦欲對於我國歷來恢復稅權運動之艱難情形，於此昭示其梗概焉。世之君子，讀此一過，倘亦有動於中而急謀眞正關稅自主精神之表現乎，是則愚編爲不虛矣！

中華民國十八年四月，武堉幹於上海。

例言

一、此書注重關稅問題史實之說明；至關於此問題之理論，則常附見於史實中。

二、此書爲便於研究現代中國關稅問題之參考起見，故其配置方法對於最近事實篇幅較多。

三、此書取材，除大部分取材於愚所撰之中國國際貿易史及中國國際貿易概論二書外，他如金華盛俊與陽羨賈士毅萍鄉黃序鵷以及日人高柳松一郎根岸佶等所著關於中國關稅問題書籍，對於本書亦幫助良多，於此特誌謝忱。

四、此書取材除上述外，對於政府官報，時賢著述，亦有採用。文中雖嘗標明來源，但亦有爲行文便利起見而未註出者，用特於此略誌數語，以示不敢掠美。

中國關稅問題目錄

第一章　導言……一
第二章　中國關稅自主權喪失之沿革……二
第一節　國定稅率時代……二
第二節　協定稅率時代……七
(甲)進口稅之協定……七
(乙)出口稅之協定……九
(丙)沿岸移出入稅之協定……一〇
(丁)子口稅之協定……一一
(戊)噸稅之協定……一七
(己)邊境進出口各稅之協定……一九

第三章　中國海關行政權旁落之由來……三八
第一節　外人管理海關之由來……三八
第二節　海關組織及其行政範圍之變遷……四六
第三節　外人管理海關之利害關係……五二
第四章　中國現行關稅制度之缺點……五九
第一節　進口稅制之缺點……五九
第二節　出口稅制之缺點……六二
第三節　沿岸移出入稅制之缺點……六四
第四節　子口稅制之缺點……六六
第五節　常關稅制之缺點……六九
第六節　釐金稅制之缺點……七一
第七節　噸稅制之缺點……七五

第八節　貨物免稅制之缺點……七七
第九節　陸路貿易稅制之缺點……七九
第五章　中國修改稅則之經過……八二
第一節　進出口稅則之最初議定……八三
第二節　咸豐八年之稅則修改……八五
第三節　光緒二十八年之稅則修改……八六
第四節　民國七年之稅則修改……八七
第五節　民國十一年之稅則修改……九九
第六節　民國十五年稅則修改之波折……一〇三
第七節　陸路通商稅則之修改……一〇六
第六章　裁釐加稅與關稅自主運動……一一一
第一節　馬凱條約與裁釐加稅問題……一一二

第二節　巴黎和會與中國關稅自主運動……一一四
第三節　華盛頓會議與中國關稅自主運動……一一六
第四節　特別關稅會議與中國關稅自主運動……一二三
（甲）特別關稅會議之由來與開會前形勢……一二四
（乙）中國之關稅自主提案……一二七
（丙）日美兩國阻撓自主之提案……一二九
（丁）英國提出折衷案與各國之承認自主原則……一三六
（戊）附加稅用途及附加稅稅率之討論……一四一
（己）關稅會議之無形停頓……一四三
第五節　最近之關稅自主運動……一四五
（甲）反對重開關稅會議運動……一四五
（乙）各方自動徵收二・五附稅之經過……一四七

（丙）國民政府實行關稅自主之頓挫……一四九
（丁）一二·五附加稅問題之重燃……一五五
第六節　修訂關稅新約與關稅自主之成功……一五九
（甲）中外修訂關稅條約之經過……一五九
（乙）實施新稅則與關稅自主之完成……一七八

中國關稅問題

第一章　導言

近代國家之興盛，與工商業之發達至有關係；而工商業之所以能發達，由於善能運用關稅政策，實爲其主要原因。吾人試觀近代歐美各國工商業之發達，殆無不由關稅政策造成。各國對於關稅政策之實施，雖隨時勢而不同，然大都務求適合於國情，是以工商業乃能隨時增進而均臻於至盛！例如法國工商業之改進，初則由於一七九〇年廢除各省關稅及各地方之限制商業之陋規，使法國第一次有實際的經濟統一；嗣於一七九一年制定和平的劃一稅則以對外國，以後更相繼提高輸入關稅，法國農業團體遂得因保護關稅制度而得發榮滋長；及至一八二九年制定新律採用最高稅則與最低稅則，農工業之保護制度，均由此而更形完成，而對外貿易亦日益發達矣。更就德國觀之，在十九世紀之初葉，日爾曼各小邦間之各別「關稅壁壘」其足以妨害工商業之發展正不下於現時之中國；及至威廉第三（F. William III）即位，乃於一八一九年廢止一切內地關稅，內國商業始呈流通之象。及至一八四〇年以後，以經濟學家李士特（Frederick List）之鼓吹保護貿易主義，遂影響於德國之關稅政策，致將輸入稅率增高而保護本國產業。其後一八七一年德帝國成立，其關稅政策初雖注重國家收入，但未幾即又崇尚保護主義，迄至最近，蓋猶未變更「保護貿易」之色彩也。而對外貿易亦因保育得宜，致造成歐戰以前之盛況焉。

法德諸國之注重「保護關稅」，商業因以臻盛已如上述；而採用「自由貿易」主義之國家，如英國，其商業之所以特盛，要亦不出於關稅政策外也。吾人多謂英國乃自由貿易之國家，似以英國為不注重關稅政策者；實則大謬不然；英國之所以採用自由貿易主義，蓋亦時勢與環境所致。當其工商業勢力不甚發達之際，彼固採用保護關稅政策。如在十九世紀以前之谷物條例與通航條例，蓋即純爲保護本國農工商業而訂立者也；惟其後因工業革命之結果，英國製造事業特別發達，而以人口增殖之日甚，本國產物又不足以供食用，遂不能不傾向於自由貿易之一途。論者謂此非一般人宣傳之結果，乃英國經濟發達之全部程序已經成熟，自由貿易之達到，乃事理所必然也。但自歐戰以後，英國之貿易政策，亦復順應時變，詳加改訂。其課稅物品，向僅四十餘種，餘均無稅進口；戰後則稅率加重，稅品加繁，而對於輸入品之有害於其基本工業者，則更嚴禁入口；惟母國與其屬地，乃另頒互惠條例，凡屬地來貨比之外國來貨課稅較輕，例如華茶入口納稅，遠過錫蘭茶，此即保護關稅政策之實現也。

就上所述，關稅政策雖有自由保護兩派之不同，然大抵各從其適，以謀本國工商業之進步；今返觀我國爲何如乎？我國蓋自來即無獎進工商業之關稅政策可言者也。良以我國爲農業國家，自昔以獎勵農業爲大任，而於工商業之發展，居嘗不甚注意。故現時中國關稅制度，不僅無保護國貨之可能，抑且處處有保護洋貨壓迫國貨之傾向，如外人利用子口稅以避免釐金，如要求華洋廠商一律照納出廠稅不得歧視，此皆妨礙本國工商業發展之最甚者也。又關稅政策本所以爲「促進貿易」之用，而中國現時之關稅制度，則適得其反；蓋自「關稅協定」制度成立以來，以進口稅率之低，外國紛紛以其過剩製品輸入我國而莫之能禦，因以造成外商壟斷之勢力。而同時以出口稅之不能免除，致應獎勵對外貿易之物品，亦不能免稅，此出口貿易之不能發達也。其尤甚者，釐金制度，妨礙交通貿易，其爲害亦不下於「關稅協定」以內國貿易尚受阻礙如此，宜乎國際貿易亦大受影響矣。

二

以上所述，係就經濟政策上說明我國關稅制度之不足以言保護工商業而促其發達；茲再就財政政策上言之。原來國家設立關稅之最初目的，即在徵收稅金以謀國庫之充裕，至保護工商業尙爲其次要目的；迄至現時，情形雖已變異：各國競以關稅政策爲發展工商業之武器，而視財政收入爲次要目的；然吾國卽於此項次要目的，刻亦不足道也。據統計所稱，在歐戰以前，關稅收入，在英國佔全國歲入百分之二十五，在法國爲百分之十二，（一九一三年——一四年爲百分之二十）在德國爲百分之四十七，在意大利爲百分之十三，在俄國爲百分之二十三，在美國尤高甚至佔百分之六十以上。至於我國，依民國二年之計算，其比例在百分之九以下，若以實收計算，則當更少。民國六年所收關稅比例更低，僅佔國賦百分之三・四；現時財政未能統一，苛稅百出，然約略以計，關稅收入當亦不過佔全國稅收百分之七八，斯其在財政上之地位亦可知矣！

我國關稅之不足以副財政收入之目的，其最大之原因，亦即由於歷來協定稅率制度所致。蓋言財政關稅者對於課稅物品必限於大宗貨品，其伸縮力必富：而我國之海關稅率一律値百抽五，固無所謂普通品與奢侈品之別也。又稅率之輕亦爲世界罕有：名爲値百抽五關稅，而一按其實際，則因物價逐漸增長之關係，我國稅則又受牽掣於各國，竟不能隨時更訂。是以實際上尙未能達到切實値百抽五之稅率。據專家之計算，自光緒二十七年至二十八年之平均進口稅率，僅合切實値百抽四・〇三；而自光緒二十八年修訂後至民國七年之十六年中，平均亦只合値百抽三・七五；民七再加修改至民十一，四年之平均數仍只佔百分之三·五九十一年修改後至十四年稍增，計爲百分之四·一一，（參考賈士毅：關稅與國權二三九面附表）試問以此種極低之稅率課稅，其又何能調劑財政？華盛頓會議雖有二·五附加稅之規定，但亦延宕至四年之久，始由我國自動徵收，而日人至今尙有頑強反抗者，於此可見歷來關稅制度之影響於我國財政爲如何也。

此外現行關稅制度尙有影響於我國財政最甚之一事，即外人強以關稅收入爲賠款借款之抵押品，而即以此款交由外人代收並由外國銀行代管；除抵付賠借款外，有餘始以歸還我國。此事之損害國權姑勿具論；而就財政上以言，則數十年來坐是所受之惡劣影響，殆誠不可以言喻也。賠款何物，列強侵掠中國所取得之不名譽贓品而已；借款之所由起，亦大都因關稅收入已盡用以抵付賠款，故不能不舉債以救財政上之困難；而舉債又不能不允以關稅作抵，是以財政愈困難而外人操縱關稅之權亦愈進步，馴至今日海關總稅務司幾有操縱我國財政全權之勢，此又不能謂非今日中國關稅制度之一特殊現象也。彼外人者動嘗詆中國釐金制度之病商，而不知我國稅權盡操外人之手，全部稅收既均爲抵付賠借款之用，欲修改稅則而列強多方留難，欲增加稅率而列強多方留難，欲關稅自主而列強更多方留難，是則飲酖止渴，我國政府又安能不用他法籌款；鹽金雖明知其為粃政，然以其每年可得四五千萬兩之收入，是以不得不暫為保留之也。

三

我國關稅制度之不足以言保護工商業，與供應財政上之需要，就上二節所述，當可概見一斑。是以有識之士，羣謀改良我國稅制；而改進方法之最重要者，即在打破片面的協定稅率制，而改由我國自行制定稅率，換言之，即實行「關稅自主」是也。

惟關稅自主雖為我國民所熱望，而自有「關稅自主運動」以來，迄至現時，猶未克實現者何耶？閒嘗考其最大原因所在，蓋即由於列強之動輒藉不平等條約為護符，而阻礙我國之進行自主。是以我國之關稅問題與他國之關稅問題實大異其趣：他國在謀如何實施富有彈性之稅率以貫澈其經濟政策；而在我國則僅要求列強允許我國有制定稅率之自由；故嚴格言之，我國之關稅問題仍不外一「不平等條約」之問題也。現時不平等條約既未能廢除，則「關稅問題」仍爲目前之一嚴重問題自無俟言。以下數章，卽在殫述我國關稅制度如何受不平等條約之桎梏束縛：故於第二章述各種協定稅率與條約之關係，第三章述海關行政權旁落與條約之關係，第四章述片面協定條約下各種稅制之弊害，第五章述歷來修改稅則與條約之關係，第六章雖着重於關稅自主運動，然亦在在與條約有關係。總而言之，本書目的乃在說明不平等條約對於中國關稅問題之一切繁雜關係。使不平等條約問題能急速解決，則關稅問題當亦不復成爲嚴重問題矣。

近人對於不平等條約之問題有主張修改者，有主張逕行廢除者，有主張固請修改而不獲然後自動宣告廢除者。大抵以後說較爲有力因既不能邀列強之允許修改舊約，則爲國家生存起見，自動宣告片面協定條約無效，要亦公法上所承認者也。英國保守派之國際公法學者如斐禮摩爾（Philimore）嘗謂：『妨礙一國國家發展之條約可以交涉之手續改正之，苟對方不能同意時可以宣布取消。』又現代英國國際公法大家荷爾（Hall）亦嘗謂：『條約之變成無效有六道，而「一方宣告廢除」亦其一焉；有時此種宣告取消權，曾爲明白規定；然有時若盟約、商約、或郵政協定等實可以當事國之意志廢除之，蓋此種條約之性質本非爲造成一種永久狀態而締成者也。』又最近公法學家如俄濱罕（Oppenheim）亦云：『約條非訂爲永久計者，可由當事國一方之通知取消之。許多條約且明白規定此種撤消之可能性，而對於撤消之形式及爲撤消而通知之時期，亦常載有詳細辦法；其他條約雖未明白規定其撤消之可能性亦得於當事國一方之通知取消之……』（以上係就梁龍君所譯俄濱罕國際法中譯文）由此以觀，是則限制我國關稅主權之各種不平等條約，倘由我國單方通知取消，固亦不悖於公法上之正當手續，此又我國言關稅自主問題者所不可不知者也。

不過此種學說特理論方面爲然耳，而在實際上，以我國現在之國勢，恐實行上亦多困難。吾人觀於國民政府於去年（民國十六年）自動宣布自九月一日起實行關稅自主而卒致失敗，以此知單方宣告廢約問題，在國家尙無實力以前，一時固未易言也。回憶日本於明治三十二年以前，其值百抽五之協定稅率，片面的協定稅則，以及無條件的最惠國條款與吾國今日情形正同。彼國君相交涉修改條約，歷二十餘年尙無多大成就；而後來因甲子一役，日本戰勝我國，其國際地位突然增進，於是改約問題乃感順利進行，關稅主權亦次第恢復。此雖由於日人恢復國權之熱心毅力所致，而其國家具有統一的實力，要亦佔一大原因。此亦足供吾國言關稅自主問題者之借鏡也。

故爲目前計，關稅自主，固所在必爭；而於實現關稅自主之方式尤不可不爲充分之預備：例如自主稅率之高低，關係於本國國民生計及列强對華貿易均甚鉅；若自主稅率不驟增，則各國對華貿易所受影響並不甚大：是則外力干涉之可能性自然甚小。卽本國國民生計，亦不致因關稅轉嫁之關係而物價驟長感受生活上之困難。又如關稅自主與裁撤釐金本有密切之關係，釐金不裁，非獨影響於國內外商業之發達，卽國內政治權力之統一亦受其阻礙；然以目前中國財政之困難，欲裁釐非先舉辦適當之新稅不可，是則新稅之採擇與實施，尤當先有審愼周詳之預備。又如國定稅則與互惠協定，通常亦係並行；我國若果關稅自主則各國必要求我國訂立互惠協定。此項互惠協定之訂立，稍一不愼，卽易流入片面利益之協定，是仍不免作繭自縛也。故於互惠協定未訂立以前，吾人對於中外工商業之利害關係與各國對華貿易之各別的特殊關係，均不可不先有充分的研究。凡此諸端關係皆極重要，且爲言中國關稅問題者所必須討論者。惟本書特注重於關稅問題史實之說明，故對於此等理論，甚望有志之士於研究關稅史實以後，再另爲切實之研究也。

第二章　中國關稅自主權喪失之沿革

第一節　國定稅率時代

中國自有對外貿易以來，以迄中英鴉片戰役爲止，設關徵稅皆係權由我操，故歷代對於外國貿易之課稅，稅率雖常不一致，然究由我國自定，所謂具有完全之關稅自主權者也。昔南齊時中央亞細亞濱海諸國，海路交通，波斯船獅子國船（錫蘭國船）婆羅門船，交趾船多通商於廣州交州兩地。當時廣交二州之刺史，每課海舶稅，以肥私腹，此已與現代海關稅制相類似；不過當時稅率多由地方官吏擅行私定，而非國定稅則也。及至唐代，南方海路通商諸國，遠自拂菻大食波斯，近自扶南林邑，常來通航不絕，初則設「互市監」以掌諸蕃交易，嗣在沿海一帶又設市舶司以監督對外商務，並徵收貨稅以裕國用，此即現代中國海關之濫觴。考唐代市舶司所定稅率；對於香料樟腦，紫檀等項輸入，有抽至原價十分之一以至十分之三者。此項關稅即新唐書謂之爲「下碇稅，」唐國史補謂之爲「舶脚。」者是也。

唐亡五代遞興，干戈紛亂不已，對外貿易無足言道；及至宋代，因唐舊制，於明州，泉州，廣州各置市舶司，此等市舶司之職責，據宋史職官志所稱，謂即係掌番貨、海舶、徵榷貿易之事。當時君主對於此項關稅收入，頗爲重視。史稱紹興七年（西一一三七年）上諭；『市舶之利最厚，若措置合宜，所得動以百萬計，豈不勝取之於民？……』又紹興十六年（西一一四六）上諭；『市舶之利頗助國用，宜循舊法以招攬遠人，阜通貨賄。且以市舶綱首所抽稅課之多少而補官有差。』宋史食貨志謂大食番客囉辛販乳香共三十萬緡，綱首蔡景芳招誘舶貨收息分九十八萬緡，各補承信郎，閩廣舶務鹽官抽買乳香，每及一百萬兩轉一官。於此可見宋代君主對於海關收稅重視之一斑。當時抽解稅率，據宋朱或萍洲可談所述，大抵以『十分爲率，眞珠龍腦，凡細色抽一分，瑇瑁、蘇門，凡麤色抽三分。』是我國當時關稅之能自主又可於此見之也。

元代之關稅政策，較唐宋時尤爲重視，元史食貨志謂泉州慶元、上海澉浦等市舶司，每歲招集番商於番邦博易珠翠各貨等物，及次年迴旋依例抽解。然後聽其貨買。其抽解稅則。且較唐宋時更爲完備。至元三十一年釐定市舶抽分雜禁凡二十二條，對於海上貿易及課稅則例規定頗爲周詳。（詳見拙著中國國際貿易史轉引元典章原文。）吾人觀於其第一條所云：『議得市舶抽分則例，若依亡宋例抽解，切恐舶商生變；比及定奪以來，只依目下定例抽分粗貨十五分中一分，細貨十分中一分，……』卽可知其主權隨心，故能隨時勢情形爲轉移，而改變宋代關稅稅率也。且元代對外貿易稅制，尙有一事特足注意者，卽嘗規定「單抽」「雙抽」之別；雙抽者，番貨也，單抽者，土貨也，此又與近代「重稅進口貨而輕課出口貨」之原則頗相吻合。

降至有明中葉，此際歐洲各國因殖民思想之發達，與通商利益之鼓勵，紛紛來至我國，要求通商；我國當時以外人之來通商者，率多暴戾恣睢之輩，因抱閉關主義，時加深拒固絕，不允通商；後雖迫不得已，亦僅指定廣州寧波等一二處爲限；但關於關稅主權，固猶完全在我也。

清初外人之來華貿易者益多，尤其與中國近代貿易有密切關係之英國，時在南洋印度等處皆設有東印度公司與荷蘭競爭商權，勢力漸盛，乃更謀發展對華商務，康熙三年當派船來我國澳門，但以受葡人之妨礙，且被課重稅，致無由發展。後乃改向福州廈門等處貿易尋與鄭經約，在台灣貿易，米之輸入無稅，其他輸入品售出後稅百分之三，輸出亦無稅。此項稅率，雖亦近協定稅率，但大權仍操之我，且並不因協定後即一成不變也。

其後清廷平定台灣，（康熙二十二年）沿岸寇難略除，因之對於外國往來互市，亦稍寬縱，而於廣東福建外國貿易之利，尤思所以推行。此際大西洋諸國凡請通市者皆許之，且更開海禁，設粵海、閩海、浙海、江海四榷關於廣州之澳門，福建之漳州，浙江之寧波，江南之雲台山（在鎮江）以徵收關稅。對外貿易漸盛；惟關稅皆由我定，因此不免有稅率過重之嫌。吾人觀於康熙三十一年，東印度公司運貨值英金十萬餘鎊之船三艘來寧波及定海，未交易而即返，蓋即由於我國當地官憲之苛稅所致也。不過我國當時增加浙省稅率，尙係一種政策作用，欲限制對外貿易於廣東一隅。觀於通商始末記書中載稱：乾隆二十二年『廣督上言，浙關正稅，視粵關則例酌擬加徵一倍，部議從之。……浙省加定稅則，原非為增添稅額起見，不過以洋船意在圖利，使其無利可圖，則自歸粵省收泊，乃不禁之禁爾。』斯可知清廷利用關稅政策之一斑矣。不過此項增稅，尚可藉口政策作用；嗣後流弊漸多，各關關稅遂常隨海關稅吏之任意誅求，致外商頗感不便。即以船鈔言，據大清會典事例所載，粵海關之船稅則例，計一等船至抽銀千四百兩，二等船千一百兩，三等船稅銀六百兩，四等船稅銀四百兩，以外尚有附加稅及手續費等種種名目。貨物完稅，當初尚無一定標準，在「公行」貿易時期，大都由「保商」（Security Merchant）代納。所謂「保商」，蓋即承保洋商稅餉之謂。保商所納於政府之關稅，大概進口稅常為百分之十六，出口稅常為百分之四，惟在洋商方面輒以從價百分之三十之數委交公行之「保商」，由其代為繳納官廳；至於公行實際上交付若干則匪所問。乾隆十八年曾訂立粵海關徵稅規則，公布輸出入之稅率；但稅吏實際徵收之時，仍不免有稅率變更，上下其手之事。此雖由於奸汚稅吏之作弊，然我國此際關稅之尚能完全自主，要可於此中窺知一斑也。

第二節　協定稅率時代

公行貿易時代中國對於關稅之重徵，與貪官汚吏之誅求無厭，已如上述，結果遂激起外人之極大反感，而尤以英人爲最盛，蓋當時在華商業利益以英人爲最大也。英人一方面苦於中國限制貿易之過甚，致不能暢營其商業，他方面又以苛捐重稅之加交無已，致損失頗爲不貲，值焚燬鴉片事件起，彼遂有所藉口而出師矣。

鴉片戰役之結果，我國失敗屈服，遂於道光二十二年（一八四二）締結南京條約，我國閉關主義從此打破，限制對外貿易之「公行」制度亦遂消滅，乃循外人之要求，開放廣州、廈門、福州、寧波、上海五處爲通商口岸，聽其自由出入貿易其間。一方面我國關稅制度，亦遂開始受條約上之限制。茲特就各種協定稅制之由來略述之：

（甲）進口稅之協定　南京條約世所稱爲協定稅制之所由來者也。實則當時所締約中，並未明文規定稅率應由兩國協定，此觀於南京條約之第二條第十條而自明：

該約第二條，開放五口，許外人居住貿易，並聲明：『……英國君主派設領事管事等官，住該五處城邑，專理商賈事宜，與各該地方官公文往來，令英人按照下列開敍之例清楚交納貨稅鈔餉等費。』

又該約第十條規定：『第二條內言明開關俾英國商民居住通商之廣州等五處，應納進口出口貨稅餉費，均宜秉公議定則例，由部頒發曉示，以便英商按例交納。今又議定英國貨物自在某港按例納稅後，卽准由中國商人偏運天下，而路所經過稅關不得加重稅例，只可照所定估價則例如下，每兩加稅不過某分。』

就上項條文以觀，初亦不過規定『秉公議定則例，由部頒發曉示』而已，此「秉公議定」四字，卽英文原文“a fair and regular tariff”之意譯，固未含有「稅率應由兩國協定且協定後而不可輕易變更」之嚴重束縛意味也。旋耆英等於次年先後與英法美各使議定五口出進口應完稅則協約及通商章程，所有進口貨物除紅木、紫檀木、黃楊木及銅、鐵、鉛、錫等例未賅載者，按値百兩，抽銀十兩外，餘均照從價百分之五。自此我國關稅制度遂由國定稅制一變而爲片面協定之稅制矣。

（乙）出口稅之協定　出口稅爲對於出口貨物而徵收之稅；在道光二十三年進口稅則之後，同時議訂出口稅則，其後附錄有云：『凡出口貨有不能賅載者，卽論價值若干，每百兩抽銀五兩。……』此際出口稅卽已成爲協定稅率。其後咸豐八年由英法諸國強迫締結天津條約同時並修訂「通商各口進出口應完稅則。」其中有值吾人注意者：卽對於我國出口之絲仍照舊率每擔課稅十兩，考此際絲價已昂，舊率在實際上不啻降至值百抽五以下；但因絲爲中法貿易之主要品，竟未能增率。又對於出口之茶每擔亦照舊率課稅二兩五錢，約爲值百抽十之譜。但茶爲我國出口大宗，照商業政策言，尙不應課此項出口稅，而吾國出口之茶既受內地重重之稅捐而又由各國協定，課此極高之出口稅率，亦可見當時我國官吏之昧於國際貿易之形勢矣。至其他各貨，大致維持值百抽五之原則。此觀於天津英國通商章程善後條約第一條所載：『此次新定稅則，凡有貨物僅載進口稅則，未載出口稅則者，遇有出口皆應照進口稅則納稅。或有僅載出口稅則，未載進口稅則者，遇有進口，亦皆照出口稅則納稅。倘有貨物名目，進出口稅則均未賅載，又不在免稅之列者，應核估時價，照値百抽五例徵稅。』卽可知出口稅値百抽五之協定稅率，於此又增一堅強之條約根據矣。

（丙）沿岸移出入稅之協定　此稅又名復進口稅，蓋爲對於土貨輸出外洋或他口後，重復進口而課之稅。此稅之起源始於咸豐十一年，在長江通商收稅章程第二條有云：『洋商由上海運土貨進長江，該貨應在上海交本地出口之正稅，並先完長江復進口之半稅，俟到長江各口後。一經離口販運，無論洋商華商，均逢關納稅，過卡抽釐。』又第三款內云：『洋商由上海運別口所來之土貨，已在別口交過出口正稅，並在上海交過復進口稅，若再出口往長江，勿庸在上海納出口稅，並長江復進口之稅……』此章程是爲復進口半稅之所由始。翌年改正辦法，除長江不計外，其餘各口，均應一律於所進之口呈交，此卽國定沿岸移出入稅之初期情形也。至次年（同治二年）與丹麥締結中丹商約，其第四十四款云：

『丹國商民議定沿海通商各口，載運土貨，約准出口，先納正稅，復進他口，再納半稅後，欲復運他口以一年爲期，准向該關取給半稅存票，不復更納正稅，嗣到改運之口，再行照納半稅。」

於是沿岸移出入稅亦成爲協定之稅制矣。民國十一年財政部關稅研究會與民十四特別關稅會議均會議將復進口稅應加廢除惟刻尚未能實行也。

（丁）子口稅之協定　子口稅卽子口半稅，子口英文名爲 Inland Carriers 以其稅率相當於進出口稅之半故名。又因課稅物件，爲通過內地之洋土各貨，故又名爲內地通過稅。（Transit duty）更因課此稅後，可以代替在商埠與內地市場間所課之各種內地稅，如釐金等，故又名爲抵代稅。

子口稅率在南京條約並無規定，（南京條約雖亦言及通過稅之完稅辦法，然於稅率未有規定，且與後來子口稅性質亦稍異）至天津條約始於進出口關稅之外，並規定按照値百抽二·五納單一稅，（A Single Charge）卽所謂子口稅，以代替各子口徵收紛繁之內地稅。此實啓外人干涉內地稅之漸。天津條約之所以有此規定，與釐金之起原頗有關係。緣咸豐初年太平天國之亂，東南各省常關多停閉，軍餉來源枯竭，太常寺卿雷以諴時駐防淮陽，苦軍費無出，乃於江北仙女鎮設稅局，每米一石抽釐捐五十文，約合値百抽一之譜。當時開辦之初，弊竇未滋，加以常關既停，釐金收入自旺，一時軍費頗多利賴；致胡林翼曾國藩諸人先後推行於湘鄂贛皖等省名曰牙釐，奏明亂定卽止；不意亂事平定以後，常關逐漸恢復，而釐金一般人視爲利藪，却已未能裁撤，致遍地釐卡爲害商民此際已露端倪，外人有見於此，於是天津條約乃倡議徵收子口稅以代替內地釐金等稅以爲補救之法。

中英天津條約之訂立在咸豐八年，時距釐金開辦纔四五稔。其關於子口稅之規定在該約第二十八條內載：

『前據江寧定約第十條內載各貨納稅後，卽准由中國商人遍運天下，而路所經過稅關，不得加重稅例，只可按估價則例若干，每兩加稅不過某分等語在案。迄今子口課稅，實爲若干，未得確數，英商每稱貨物或自某內地赴某口，或自某口進某地，不等各子口恆設新章，任其徵稅，名曰抽課，實於貿易有損。現定立約之後，或在現通商各口，或在日後新開口岸限四個月爲期，各領事官備文移各關監督，務以路所經處應納稅銀實數，明晰照復，彼此出示曉諭。漢英商民均得通悉。惟有英商已在內地買賣，欲運赴口下載，或在口有洋貨欲運售內地，倘願一次納稅，免各子口徵收紛繁，則准照行此一次之課。其內地稅則，在路上首經之子口諭交，洋貨則在海口完納給票，爲他子口毫不另徵之據。所徵若干，綜算貨價爲率，每百兩徵銀二兩五錢，俟在上海彼此派員商量酌修稅則時，亦可將各貨分別種式應納之數議定。此係僅免各子口零星抽課之法，海口關稅，仍照例完納，兩例並無交礙。』

同年中英新稅則協約並通商章程善後條約，對於子口稅之課稅辦法，亦有極詳細之規定。該約第七款內載：

『天津條約第二十八條所載內地稅餉之議，現定出入稅則，總以照一半爲斷，惟第二款所載免稅各貨除金，銀，外國銀錢，行李三項無可庸議外，其餘海口免稅貨物，若進內地，仍照每值百兩完稅銀二兩五錢。此外運入內地各貨，該商應將該貨名目若干，原裝何船進口，應往內地何處各原由，報關查驗確實，照納內地課項，該關發給內地稅單。該商應向沿途各子口呈單照驗蓋戳放行，無論遠近，均不重徵。（以上洋貨進口）至運貨出口之例，凡英商在內地置貨，到第一子口驗貨，由送貨之人開單註明貨物若干，應在何口卸貨，呈交該子口存留，發給執照，准其前往。路上各子口查驗蓋戳，至最後子口，先赴出口海關報完內地稅項，方許過卡，俟下船出口時，再完出口之稅。（以上土貨出口）若進出有違此例，及業經報明指赴何口，沿途私賣者，各貨均罰入官。倘有匿單少報等情，將單內同類之貨，全數入官。所運各貨，如無內地納稅實據，應由海關飭令完清內地關稅，始行發單出口，以杜隱漏。內地稅則經此次議定，既准一次納稅，概不重徵，所有英國第二十八款所載經過處所應納稅銀實數明晰照復，彼此出示曉諭，華洋商民均得通悉一節，可無庸議。』

依此條文，於是子口稅率亦遂成爲協定稅率矣。

其後光緒二年中英煙台條約第三端之四，又載有修改子口稅完稅之辦法，如次：

『洋（商運）貨入內地請領半稅單照，各國條約原已定明，自當遵辦。嗣後各關發給單照，應由總理衙門核定劃一款式，不分華洋商人均可請領，並無參差。洋商將土貨由內地運往口岸上船，條約內亦有定章。英商完納子口半稅請領單照即可運往海口。若非英商自置土貨，該貨若非實在運往海關出口，不得援照辦理。所有應定章程免致滋生弊端之處，威大臣（按爲當時與李鴻章訂約之英國公使欽差）即願會同總理衙門設法商辦。至通商善後章程第七款載明洋貨運入內地置買土貨等語，係指沿海、沿江、沿河及陸地各處不通商口岸，皆屬內地，應由中國自行設法防弊。』

此約定後，其他各國亦相繼仿照辦理，大旨均無甚殊。茲爲歸納各約關於子口稅協定之要旨起見，將現行辦法分述如下：

一、洋貨子口稅辦法

（1）凡進口洋貨均得享有子口稅之特權，不問其貨主爲洋商或華商。

（2）稅率爲進口稅則之半。

（3）凡欲納子口稅販運洋貨於內地者，須報明海關，由海關驗貨徵收子口稅後，發

給子口稅單，(Inward transit Pass)

(4)貨主須將此項稅單呈請沿途稅局查驗，不徵手續費。

(5)子口稅單內之貨物准予沿途卸賣，但須報告於附近稅局。

(6)子口稅單內貨物售罄或到達其指定地點時，須將稅單繳還附近稅局請求註銷。

二、土貨子口稅單辦法

(1)專運出洋之土貨得享有子口稅之特權，但以洋商爲限。

(2)稅率爲出口稅則之半。

(3)凡欲赴內地購買土貨出洋者，須經由領事向海關監督領取三聯單，(Transit Pass Memorandum。)

(4)貨主或其代理人既赴內地買入貨物以後，須將三聯單提出於途中首經之稅局換給運照。(Conveyance Certificate。)

（5）運照之貨物須沿途呈驗於稅局，不許中途販賣。及抵最後之稅局，卽距出口口岸最近之稅局須呈報土關，完納子口稅。

（6）完納子口稅之土貨須於一定期間內出洋。

（戊）噸稅之協定　噸稅一名船鈔，凡對於外國貿易出入通商口岸之船舶，每逢入口得課其稅。惟南京條約對於此項船鈔，初未規定。至其後議訂五港通商章程，有貨船按噸輸鈔一款，載明：凡英國進口商船，應查照船牌開明可載若干，定輸銀之多寡，計每噸輸銀五錢；所有納鈔舊例及出口進口日月規定各須費用，均行停止，是爲噸稅協定之始。旋議善後條約，其第十七條云：『英國之各小船如二枝桅或一枝桅三板划艇等名目，向不輸鈔，今議定各船由香港赴省（按指粤省會廣州）由省赴澳，除僅只搭客附帶書信行李仍舊照例免其納鈔外；倘載有貨物，卽應按噸輸納鈔銀：此等小船，最小者以七十五噸爲率，最大者以一百五十噸爲率，每進口一次按噸納鈔一錢；其不及七十五噸者仍照七十五噸計算；倘已逾一百五十噸者卽作大洋船論，仍按新例每噸納鈔五錢。』至此船舶噸稅乃成爲有差等之協定稅率矣。

至咸豐八年中英締結天津條約，其第二十九款之規定：英國商船應納鈔課一百五十噸以上每噸納鈔銀四錢。較之南京條約已減一錢；其一百五十噸正及一百五十噸以下者仍納鈔如舊。自此以後迭有增減，其間應徵應免各事，各國條約常多不同，卽善後所添章程亦多紛歧，其勢實難一律辦理。嗣同治九年閏十月經總稅務司將條約章程善後條款並往來文件詳加核對，復以各口情形各關辦法細爲比較，訂成各關徵免洋商船鈔章程十一條，其關於噸稅率者在以下各條：

第一條：『洋商船隻應納鈔課，一百五十噸以上，每噸納鈔銀四錢；一百五十噸正及一百五十噸以下，每噸納鈔銀一錢；惟各國噸數拉司數大小多寡不同，而各關以英噸爲準，則應照泰西在一八六五年在噶拉所立之「核算清單」辦理。（關於此項核算清單請參攷黃序鵷海關通志上卷第六章）

第五條：『凡通商口岸洋商自用船隻運帶客人行李書信食物及係不納稅之物，勿庸完稅，倘帶係應完稅之貨，其船在一百五十噸以上下則爲四個月納鈔一次，每噸銀四一錢。惟由他國所來之船進口時雖係搭客，未裝貨物，仍應納鈔。……』

第九條：『凡有洋商僱用內地船隻在長江一帶運貨者，該船到關，仍照內地船隻完納船料；若在沿海各口來往者，其船在一百十噸以上下，即應每四個月納鈔一次，每噸四一錢。』

逮光緒八年復經總稅務司之陳明，將上述同治九年所訂章程改定九條。其關於船鈔稅率尚一仍其舊，惟於納稅手續方法等略有改動耳。

（己）邊境進出口各稅之協定　邊境進出口各稅，係指由陸路經營外國貿易所課之稅。蓋中國與近代歐洲國家通商，邊境貿易實遠在海路貿易之先；其徵課稅率因有特異沿革，通常較之沿海沿江之海關稅爲尤輕。茲特就中俄邊境，中日邊境，中法安南邊境，中英印度緬甸邊境四項分述之。

（一）中俄邊境進出口各稅　中俄邊境貿易，濫觴於前清康熙二十八年之尼布楚條約，其中規定往來有文票者許其貿易不禁。至雍正五年恰克圖界約成立，訂有商務專條，當卽規定恰克圖貿易兩均不收稅。惟俄人後又私行徵稅，致終乾隆之世恰克圖閉市而復開者三次。其後俄人又數遣使請開西北市場，咸豐元年當與俄國又訂伊犁塔爾巴哈台通商章程十七款，八年要求勘界，復訂愛琿條約，黑龍江以北之地悉爲俄有。並開放烏蘇里河黑龍江松花江之水路貿易。十年訂續約十五款，除東北邊境通商外，更試行貿易於喀什噶爾，准行銷零星貨物於由恰克圖到京經過之庫倫張家口地方，自此天山南路亦遂有俄人之足跡矣。惟中俄通商雖溯康乾以降，而陸路課稅，則實自同治元年之通商章程始。該章程聲明試行三年，故於八年改訂。及光緒七年收回伊犁事件，重訂「陸路通商章程」十七條，雖有十年改約明文，惟其後迄未修正。該約除規定不納稅及暫不納稅地方外，並特別指定陸路貿易通路兩條，關於此項納稅之規定，約如下述：

（1）進口稅：（甲）俄貨自陸路至天津或肅州（嘉峪關）者，進口稅照稅則所載正稅三分減一。但由陸路運至天津之貨，如由海道運至通商各口，應在津海關補交原免三分之一，抵他口後不再納稅。(5)(9) （乙）俄貨路經張家口，任留貨於口銷售，限五日內在該關交納進口正稅，由中國官發給准單方准銷售。但納稅後改運天津或通州銷售者，得將張家口多交之一分補還。(4)(6)後又修正

（2）出口稅：（甲）俄商在天津肅州販賣土貨出口，應交出口正稅。但（A）在天津販賣復進口土貨，（B）在他口販賣土貨經天津出口者在一年限內出口回國，得將天津所交復進口稅給還。(10) （乙）俄商在通州販賣土貨，由陸路出口回國，在東壩完納出口正稅(11) （丙）俄商在張家口販賣土貨出口回國，免徵出口稅，(11)

（3）子口稅：（甲）俄貨 在張家口或肅州已納稅運入內地者，在天津或他口已納稅運入內地者，均應按照稅則再交一子口稅，沿途呈驗單照，否則照納內地稅釐(6)(7)(9) （乙）土貨 (A)在張家口販賣土貨回國，在該口納一子口稅。（B）由內地販賣運往通州張家口回國者，除出口正稅外，應再交一子口稅(11)

（丙）通過貨　俄商在天津張家口嘉峪關販賣別國洋貨由陸路出口回國者已交正稅，子稅免重徵否則補交。

及至日俄戰役以後，滿洲地方我猶默許俄人無稅貿易；光緒三十三年始議設關徵稅，俄人抗爭頗力後卒由我讓步，訂立北滿稅關試辦章程定議東省鐵路運往交界百里內車站暫不收稅；鐵路運貨三分減一納稅；滿洲里綏芬河兩關進出口稅各按照稅則三分之一徵收。哈爾濱三姓，哈拉蘇愛琿四關照通商各口徵稅。中俄邊境徵稅辦法已略如上述。間嘗考免稅減稅種種特典之原因，大抵不外（一）舊時陸路交通機關未備，較海路運費爲重，俄國要求減輕以保均衡；（二）邊境貿易爲額甚微，我不經意，俄則處心積慮，爲得寸進尺之計；（三）中俄貿易先於列强，條約上具有特別沿革故也。夫以海關稅率協定爲百分之五，識者猶以爲非，而陸路關稅又復變本加厲，或減或免，協定於條約之中，其損害國權直又更甚矣！雖條約中亦嘗規定俟將來商務興旺時，再議合宜稅則，卽將免稅之例廢棄，但各國猶多不願放棄此項特權者，良可慨也。

（二）中日邊境進出口各稅　我國東三省與日本屬地朝鮮邊境如義州會寧慶元等處之互市由來已久；惟向來貿易由官主持，未立進出口之稅目，而僅以「館宇」「餼廪」「芻糧」「迎送」種種名義徵收。直至光緒八年始設立中國朝鮮商民水陸貿易章程，其首章即申明『……惟此次所訂水陸貿易章程，係中國優待屬邦之意，不在各與國一體均霑之列。』並定於鴨綠江對岸之柵門與義州及圖門江對岸之琿春與會寧四處開市設關，進出口稅除紅參外概從值百抽五。自此中韓邊境貿易亦遂於協定稅則之下行之矣。

逮日俄戰役以後，朴資茅斯和約成立，朝鮮淪爲日本保護，我駐使遂撤歸，於光緒三十一年會訂東三省正約三款，承認朴資茅斯約中之條件，附約十二款，規定東三省各事之範圍；其第十一款內載『滿韓交界陸路通商，彼此應按照相待最優國之例辦理。』蓋即援引利益均霑條款，欲與俄享同等之條件，至此中日陸路貿易局勢又爲一變。民國二年鴨綠江鐵橋工竣，朝鮮義州之路聯爲一氣，全線告成，遂協定鐵路運載通過滿韓之貨物照海關進口稅率三分減一；惟間島以北之貿易爲例外；且減稅貨物以在滿洲行銷爲限，如販運他處應補納所減之稅云。但至民國八年五月間又徇日本之請，所有由接近北鮮間島琿春等處陸路經由琿春關及延吉分關運往北鮮地方各貨物及經由琿春關及延吉分關由北鮮地方運往北間島琿春等處各貨物，並許其照三分減一納稅。

（三）中法越南邊境進出口各稅　越南（安南）自昔爲我國藩屬，其與我之陸路貿易關係，自昔亦卽盛行。迨光緒十年中法戰役結果，翌年訂立越南條約，越歸法屬其第六款內載：『北圻與中國之雲南廣東各省陸路通商應在此約畫押三個月內，兩國派員會議；另立條款附在本約之後。所運貨物進出雲南廣西邊界，應納各稅，照現在通商之稅則較減；惟由陸路運過北圻及廣東邊界者，不得照此減輕稅則納稅。』云云。此卽光緒十二年越南邊界通商章程十九款，十三年續議商務專條十款之張本。二十一年又續議商務專條附章九款，陽以設法振興中國北圻來往商務爲詞，實陰援中俄邊境減稅之先例；特其免稅方法稍有異同，茲舉如下：

（1）陸路貿易之範圍　係指龍州蒙自思茅河口四口而言，將來雲南鐵路通車後，

亦照以下辦法

（2）進口稅　按照稅則減十分之三，稅則未載者，按估價值百分抽五徵收。（光緒十三年續議商務專條第三款）

（3）出口稅　按照稅則減十分之四；稅則未載者，按估價值百抽五徵收。（同上第三款）

（4）復進口半稅　（甲）凡由沿海沿江通商口岸運土貨經越南前往以上四處，於出口時徵收十成正稅，專發完稅憑單帶同貨物前往；俟到邊關進口時，按照十分減四徵收復進口半稅。（乙）由以上四處運土貨出口前往沿海沿江通商各口，於邊界出口時應照十分減四之例收出口稅，專發完稅憑單，俟到沿海沿江通商口岸，照土貨通例，完納復進口半稅。（光緒二十一年附章第四款）

（5）子口稅　進出口均照海關稅則之半額徵收，不得援減（光緒二十二年通商章程第七款）

（四）中英滇緬藏印邊境進出口各稅　緬甸自昔亦爲我國藩屬，其地與我雲南西南接界，富於銀銅煤鐵各礦，道光初英併印度，遂謀兼呑緬甸，光緒十一年當卽夷之爲印屬，乃於十二年與我訂約五款，其第三款載明勘界後再訂通商專條云云，蓋卽爲光緒二十一年續議滇緬條約第八款及第九款之張本。訂明自條約批准之日起，六年內進口除米，出口除鹽之外概不收稅。六年後始按專章收稅。至二十三年續約又有增改，減稅諸端全本法約，蓋意在利益均霑也。玆摘舉其協定稅率之要點如下：

（1）進出口稅　經以上所開之路之貨物，進口稅照海關稅則減十分之三，出口稅照海關稅則減十分之四。（二十一年續約第九款）

（2）子口稅　陸路出入貨物之子口稅照通商口岸章程一律辦理。（同前款）

以上爲滇緬邊境貿易課稅之情形，此外我國西藏又與英屬印度爲鄰，乾隆四十五年英印督雖通使班禪求互市，班禪以當請諸中國爲辭。令至廣東候命未協而寢。道光間英既收藏屬哲孟雄爲印屬，派員入藏。時值英使來議緬事，總署乃允議緬案而令罷入藏之舉。但後英師不卽撤回，藏人與戰而敗，乃由總署與英使交涉，命升泰至孟臘城，與英之印督立約八條。十九年續約九款。惟訂約雖二次，關於藏哲晝界通商細則我仍未予釐定，值日俄釁起，英人乘隙以癸卯冬派兵入藏，次年入據拉薩，旋與達賴喇嘛私訂英藏條約，駐藏大臣有泰據以入告，淸廷初議廢撤無效，乃議改約，以光緒三十二年訂於北京，實卽承認英藏私約也。三十四年又有藏印通商之條，茲摘擧先後約章關於協定稅務之要點如左：

進出口稅（A）自開關之日起以五年爲限，所有非違禁之進出口貨，除將分量價值報關外，槪行免納進出口稅；俟五年限滿查看情形，或可由兩國國家酌定稅則，照章納進出口稅（十九年續約第四第五款又英藏條約第二款）（B）印度茶俟百貨免稅五年限滿，方可入藏銷售；應納之稅不得過華茶入英納稅之數。（十九年續約第四款）（C）除將來立定稅則內之稅課外，無論何項徵收，槪不得抽取。（英藏條約第四款）

第三章　中國海關行政權旁落之由來

第一節　外人管理海關之由來

中國設關徵稅，由來已久，管理之權向操諸我，如前述歷朝之市舶司及市舶提舉司，蓋卽專管華洋貿易徵稅之事者也，降至有淸，任命粵海關監督，卽外人所稱爲 Hoppo 之專官，司掌取締貿易及徵稅事務。自「五口通商」後，海關管理事務，初亦歸諸當地官吏，如廣東方面，照例由粵海關監督充任，福州廈門兩港，由福州將軍兼理，寧波由寧紹道台兼理，上海由蘇松太道台兼理，其適例也。至於現行外人管理海關制度，實肇始於洪楊發難之時，外人乘機攫得代辦職務後遂相沿以爲例者也。

當洪楊發難時，上海縣城亦於咸豐三年（西一八五三年）陷落，海關道台以下各離職守，逃入租界，徵稅事務，因而停止；上海英領事阿洛克（Alock）乃與美法兩國領事協商權宜辦法，提議於秩序未恢復以前，由領事暫代中國官吏向外人徵稅，於是三國領事各令本國商人以期票繳納關稅。嗣以課稅之權，僅及三國商人，而其他外商，仍可無稅自由出入，未免不公，於是美領不願宣告脫離，英法二領事，亦認為不利，協定遂破，於是「領事代徵制度」即歸消滅。領事代徵案既經破壞，英領乃又勸中國官吏於租界內設臨時海關，許以援助。吳道台因於咸豐四年擇定租界內一關棧，設立海關，開始徵稅，惟手續不甚完備，弊竇百出，英領乃又力加破壞，首許英船自由出入，一時上海遂成為自由港之地位。上海既成為自由港，於稅收上不無大損，於是三國領事，又與上海道吳建章協議，設立新海關管理事務，由道台選任三外人任之。英美法各出一員以組成「關稅管理委員會」(Board of Inspectors) 是年七月十二日，新關成立，此即現行海關共管制度之起源也。

如上述，上海海關，自咸豐四年七月，即為英美法三國委員共管；然其他各大商埠海關管理之權，猶尚為我國官吏所自行支配也；逮咸豐八年英法聯軍之役，締結天津條約，其附約中英通商章程第十條，有『中國政府海關之統一制度，(One Uniform System) 適用於各通商口岸』之語，此條文中所稱 One Uniform System，蓋卽以上海海關制度擴張於他港之意。又該條中尙有『任憑總理大臣邀請英人幫辦稅務……勿庸英官指薦干預』之語，其意亦卽在自由任用英人輔佐海關行政以代替從前在事實上帶有英美法三國代表性質之委員制度也。（參考李譯本中國關稅制度論第三章第二節）依此章程之結果，美法兩國委員辭職，淸廷循南洋通商大臣薛煥之請，於咸豐九年任英人李泰國（H. Nelson lay）爲總稅務司；同年廣東改組粵海關，任赫德（Robert Hart）爲稅務司，次年汕頭福州寧波，鎭江九江天津等六關，亦相繼改組，英人勢力日張。適李泰國因專擅而被免職，同治二年（西一八六三年）乃調用赫德爲總稅務司；而總稅務司署，亦遂由上海移至北京，海關制度，因亦大加改革。由赫德手訂「募用外人幫辦稅務章程」二十七款，頗蒙淸廷眷注（註）於是稅收事務，全由赫德專斷執行；因赫德爲英人，故此際中國海關，名雖各國代管，實則全權操於英人之手也。

（註）赫德所訂「募用外人幫辦通商各口稅務章程，」凡二十七條，其前三條云：

一、總稅務司凡有應申陳本衙門事件，及更換各口稅務司，務卽隨時申報本衙門查核；仍一面分別申陳南北通商大臣，幷知會各關監督。

一、總稅務司係總理衙門所派，至各口稅務司及各項辦公外國人等，中國不能知其好歹；如有不妥，惟該總稅務司是問。

一、各關所有外國人幫辦稅務事宜，均由總稅務司募請調派。其薪水如何增減，其調往各口，以及應行撤退，均由總稅務司作主。若各關稅務司及各項幫辦人內，如有辦理不妥之人，卽應由該關監督一面詳報通商大臣及總理衙門，一面行文總稅務司查辦。各關雖係徵收洋商之稅，然其事實中國之公事；所用之人雖非中國人，其所辦係中國之事。其薪水亦中國所發應……格外盡心辦公……』

中國海關管理之權，既由三國共管而一變爲英人之大權獨攬，各國頗有不慊於此者：光緒二十二年（西一八九六年）英公使以俄法二國有覬覦總稅務司之意，乃根據天津條約附約第十款『邀請英人幫辦稅務』一語爲根據，向中政府要求保障總稅務司之地位，總理衙門當卽答覆照准；嗣又具函聲明：以英國對華貿易總額必須超過他國爲條件；如超過他國，自當繼續引用英人爲總稅務司。自此以後，英國連同香港之對華貿易，常居於第一位，因之海關大權，迄至現時，仍尙握於英人之手。現任之總稅務司易紈士亦卽英國人也。

外人代管海關行政之根據，除上述外，尙有兩層條約上之桎梏：（一）在一八九六年三月，英德借款告成，清政府對於匯豐及德華兩銀行，曾於合同第七條，許『在本借款未償清以前，中國關稅行政制度，應繼續如現行。』又在一八九八年三月，英德續款合同之第六條亦然。（二）及辛丑和約告成，其第六款戊條第二項又云：『所有常關各進款，在各通商口岸之常關，均歸新關管理。』言外之意，新關用人行政制度，在賠款未償清以前，自不更改，此卽我國海關用人行政權入外人掌握之大概情形也。

就正則言之，海關重役雖爲外人，然究屬「幫辦稅務」而爲中國政府下之雇員，一切行政應由中國主持始合，但在事實上卻不然，中國政府對於海關迄今猶無管理權之可言。夷考其大權旁落之由來，殆全由政府監督之不力，與夫自行放棄職權所致也，考前時操監督之大權者初爲上海道，嗣歸南洋通商大臣，又歸理藩院，咸豐十年設立總理各國事務衙門後，則又歸總理各國事務衙門；光緒二十七年乃改爲外務部；嗣以各關散處，統馭不便，至光緒三十二年乃設立稅務處，稅務司以下均受節制，蓋其初本尙含有收回稅權之意味也。入民國後，稅務處之名義猶舊，無如官僚習氣甚深，坐嘯畫諾，僅司存轉，有所興革，不令總稅務司擬妥照行，卻須總稅務司自動呈請。至各口海關，民國後改置監督，名義上雖有協助稅司管理稅務之權，而實則拱手聽命於稅司，無從過問；卽分內例行事權，亦多爲稅司所侵越。政府既無力以整理行政，完全放任，總稅務司遂乃大權獨攬，此海關管理權之終於旁落也。

海關管理權之所以旁落，除上述「監督不力放棄職權」之二原因外，尙有『外債擔保』之一原因。觀於光緒三十二年淸廷新設稅務處以管轄海關時，外人卽大肆非難：以爲海關關係外債之擔保，與列國有特殊關係，事前不與列國公使交涉，卽突然變更其統轄之關係，對於舊日在事實上爲獨立官廳之海關加以有害之干涉，勢必損害外國債權者之利益。乃由英國首先向中政府質問，中政府卽向英公使證明統轄關係之變更，於海關內部組織並不變動，其事方寢。及辛亥革命，政體改革，其先外人以「外債擔保」關係爲藉口者，至此乃更乘機攫得「關稅抵扣外債」之權。中國海關，至此乃完全成爲國際共管之機關矣。緣外人此項權利之所由獲得，實因當時各國藉詞我國財政紊亂，不能履行以關稅擔保各種外債上之義務，遂乘紛亂之際，要求將關稅收支兩項之權利，均委任於總稅務司，由總稅務司扣留稅款以還外債，因此外人之海關管理權，不僅不能收回，抑且變本加厲，權限更較從前爲大矣。茲將當時外務部與外交團商定稅款歸還外債辦法，擇其重要之前四條錄下：

（原共八條）

一、由關於庚子以前關稅作抵尙未付淸之各洋債銀行，與關於和約賠款之各國銀行總董，組織成立。該委員會應決定各洋債內何款應行儘先付還，並編立一先後秩序單，以便滬關稅司，遵照辦理。

二、關係尤重之各銀行，卽匯豐，德華，道勝三家，應作爲上海存管海關稅款之處。

三、應請總稅務司承認，允將海關所有淨存稅款開單交與所派之委員會，屆中國政府復能償還洋債賠款之時爲止。

四、應請總稅務司將淨存稅款每星期均分收存匯豐，德華，道勝三銀行，以作歸還該項洋債及賠款之用。

上述辦法，本爲一時權宜之計，財政狀態恢復時，應卽中止；但在我國則否：暫時辦法，浸假卽視爲當然之舉，是以革命成功之後，對於總稅務司處分關稅之權，竟不收回；且不獨不收回已也，而對於外人管理之權，更又增加一層權限，卽內國公債基金之保管，亦託總稅務司以經理之，此則尤堪爲國家信用悲矣。總稅務司經理內國公債，實肇始於民國三年；當時政府發行內國公債，爲堅人民信用，以利推行計，特任總稅務司安格聯爲內外公債會計協理，管理基金事宜；嗣後每有公債發行，卽謀利用客卿以爲擔保；因之總稅務司之權限愈大，而國家之主權亦愈不堪問矣。

綜上所述，中國海關管理權之逐漸旁落，固由外人乘機攫取，以致鑄成大錯；但我國政府之放棄職權，不識大體，要亦不能辭咎也。論者謂『聘用客卿充任本國稅吏，如波斯聘用比利時人濯羅聘用英人等例，此在劣等國家並非奇事；至於負有國際義務任用外人組織海關，且委以完全之管理權，此則號稱獨立國家之中國所僅有之制度也』（見高柳松一郎所著中國關稅制度論論中國海關之國際的性質章）

第二節　海關組織及其行政範圍之變遷

海關爲關稅行政之一端，在各國法制上，大致隸屬於財政部；惟我國與歐美通商之初，因締結通商條約之關係上，多涉及於外交，是以由外務部另設一獨立之機關「稅務處」（Revenue Council）以統馭之。稅務處行使海關監督權之方法有二：一則經由總稅務司，一卽直接命令各地海關監督是也，但此僅爲官制上之隸屬系統，而實際上一切權限均操諸總稅務司一人之手。各地稅務司卽係總稅務司派出主持各地海關之代表，唯總稅務司之命是聽；至於稅務處與地方海關監督，不過一空銜人員而已。玆請先言總稅務司署之組織。

總稅務司署之組織計分總務科(Chief secretary)漢文科(Chinese Secretary)統計科(Statistical Secretary)審計科(Audit Secretary)銓敍科(Staff Secretary)五科，以及造册處，駐外辦事處(Non-Resident Secretary)，內債基金處三處，皆以外人任之。總務科係掌機要事件，職權最大，有時且可以代理總稅務司；餘各科處，亦各以資望甚深之稅務司任之。（皆外人）普通關務卽由彼等分別處理；至於稍涉重要之政治上外交上財政上各問題，則由總稅務司躬自裁決之，此卽總稅務司署中央集權組織之大概情形也。

至於各口海關，因貿易之情況，及事務之繁簡，其組織微有不同；惟大體上約分下列六課，卽（一）總務課（二）祕書課（三）會計課（四）統計課（五）監查課（六）驗查課是也。此六課中，自第一課至第四課，以外人內班之幫辦爲課長，第五第六兩課，以外人外班爲主任，要之重要事務均由外人專攬，華人不能過問也。六課均統屬於稅務司，全關事務都由稅務司負完全責任；稅務司僅對於總稅務司遵奉命令，至對於海關監督則處平等之地位，其權限則向來亦無明確之規定也。

各口海關之唯一職責卽爲徵稅，故有稱之爲徵稅部（Revenue Department）者。此與各國關稅行政機關相當，職員分爲內班（Indoor Staff）外班（Out-door Staff）及海班（Coast Staff）三種。內班屬於管理部份，外班及海班則屬於監視部份。內班在海關內部辦事，爲處理關稅噸稅之賦課，征收，統計，報告，會計，庶務等關務全體之幹部，稅務司以下之重要事務官書吏均包括在內。外班以檢查船舶查驗貨物，防止偷運等事爲本務，由掌管船舶出入及一般監視事務之幹部與掌管檢查貨物之副部而成。海班則依巡邏船，掌管沿岸水上之關稅警察，殆全由海事上專門之知識之外人充之。此卽各口海關組織之大概情形也。

海關行政，除上述各口海關徵收稅項外，尙有海事部（Marine Department）與工務部（Works Department）兩部，亦直接隸屬於總稅務司署，此與上述徵稅部，可謂鼎足而三焉。海事部專管以噸稅收入而舉辦之海事行政。其本部設在上海，以巡工司爲部長，其下設副巡工司，巡江工司，小輪工司，測量師，監事，繪圖師等職員。地方機關，則分下列三班；（一）港務班，爲管理船舶進出港口指泊等事。（二）燈臺班，爲裝設燈塔便利行船之事。（三）巡船班，爲水面巡邏等事。工務部本爲海事部中之一課，至一九一二年始分出，其職責爲對於徵稅部之土地建築物，動產，及海事部之財產，燈臺，燈臺船，機械等等擔任技術上之工作，其本部亦設於上海。此兩部雖分開獨立，惟在海關行政上之地位，其重要則不及徵稅部，而僅處於附庸之地位焉。

海關行政三大部份之組織已如上述，此三大部份卽完全受總稅務司之指揮者也。總稅務司頒布各關之命令，約以下列四種方法行之：各關帶有共通性質之事項用通令(Circular Instruction)，各關帶有特種性質之事項用特令（Despatches），帶有前二項之補充的性質或預守祕密之事項用私函(Semi-Official Letters)，關於特種問題之專門事項則用指令（Notes or memoranda）。而各關對總稅務司，每月每期每年，亦皆依必要情形，爲詳細之報告；甚至各地政治情形，財政狀況，其有不屬於關務者，亦應爲半官式之報告。(卽上述 Semi-official Letters 體裁)洋員得之如獲至寶，從不輕以示諸華人，此卽所謂海關祕密行政之一端也。

至於公開的海關行政範圍，因法制上乏缺明確之規定，故隨時伸縮，毫無固定標準。從前可視爲海關行政事務之規條者，一八五八年之中英通商章程第十條曾規定：『……任憑總理大臣邀請英人幫辦稅務，並嚴查漏稅，派人指泊船隻及分設浮標號船塔表等事……』據此條文，其行政之範圍可分五項：(一)管理海關收入；(二)防止祕密輸運；(三)港務行政；(四)安置燈臺浮標等；(五)收支噸稅。但現時海關行政範圍，實不只上列五項，此外更有許多附帶事項，舉其重要者如下：(一)領港業者之取締；(二)裁判關於關稅之紛議與違反稅則；(三)無條約國人民及無領事國人民船舶出入之時，稅關兼爲準領事之事務；(四)對於香港澳門與沿岸各地間之帆船貿易徵課進出口稅及釐金稅；(五)管理各商埠及其周圍五十里內之常關；(六)驗疫事務；(七)裝載移民船之檢查；(八)氣象之觀測。以上諸項中，第一、三、六、七、八、五項，原爲海關職權內之所應有。第二項係發生於一八六八年之海關稅務會審章程，侵及司法範圍。以稅務之爭議訴訟，屬於管理稅務之海關，原亦無妨；不過因爲（一）中國海關稅務司盡屬外人；（二）依該章程之所謂『會審』乃係指由稅務司與各該當事人國籍之領事官會審；實際上乃爲外人充當中國之法官，以領事裁判權擴張而及於中國之國家行政範圍以內，此實逾分侵越國權。第四項，則爲一九〇二年中英通商章程之應用；其條約之用意，極爲不良。第五項，則由於庚子賠款，以海關鹽稅抵押不够，又加以常關稅之結果。由此以觀，在財政上直可云關於稅務行政一部份，久已被人共管矣。

此外，依一九〇一年辛丑條約及其他條約，海關稅務司，對於疏濬黃浦江，白河，遼河，築烟台港灣等數事，亦握有最大實權。外此尚有全不應歸入海關行政範圍以內之事，而亦由海關代辦者，如從前之郵務與教育以及登錄商標等事是，惟至現時則均收回自辦矣。

海關行政之範圍大致已如上述；如行政人員，依海關之國際性質，歷來亦即爲外人蟠踞，而以英人權限爲尤大。除總稅務司一職，以英國在華商業最盛，向來即屬於英人外，其餘

各關稅務司，亦以英人佔最多數。據民國十四年十一月份之調查（見是月上海新聞報）
邇時總稅務司一人爲英人，正稅務司四十三人，內中英人卽佔二十七人，法美各七人，日本二人，葡萄牙一人，中國則全無。其餘重要職員，亦多半爲英人，華人則僅供文案司書鈴子手等職已耳，於此亦可見外人攬權之一斑焉。

第三節　外人管理海關之利害關係

中國海關自咸豐四年引用外人管理以來，迄今六十餘年，始達現時之堅強基礎；在國家利害上言之，其影響果何如乎？是不可不一探討也。大抵在初辦之際，我國以稅務人材缺乏，不能不引外人以資臂助，此在當時確有便利之處；一至後來，管理之權全歸外人，中國政府馴至不能過問，斯則弊端百出矣。玆就政治及經濟方面之利害關係，分別述之如下：

（甲）政治方面之利害關係　引用外人管理海關，在政治方面並非絕對有害，觀於宋時我國用西域人蒲壽庚爲市舶司，亦未喪權損國，斯可知引用外人，亦在駕馭之道爲何如耳。我國在南京條約以後，新設海關之時，對於外人之監督權，尚未盡行放棄，故此際外人雖代管稅務，而對於中政府奉命唯謹，總稅務司赫德至自矢一生爲中政府之忠僕；是以當時稅權，尚未「太阿倒持」，而在海關行政方面以有熟諳外事之外人主持，反能減少糾紛不少，此就當時而言，殆可云外人管理海關，對於商民亦頗便利也。惟其後因我國監督海關之權放棄，海關且成爲國際監督中國財政之一機關，於是種種弊害，相繼發生，舉其甚者約有四端：（一）爲行政權之喪失也。「關稅行政」亦爲一國主權之所寄；我國對於海關雖有稅務處爲名義上之統轄機關，實則不能行使其統轄權；彼總稅務司除以稅收扣還外國債款，有餘則解歸中政府外，其餘稅務行政，一切不容中國過問，致使審計院欲知海關徵稅程序，亦苦於無案可稽，惟有派員親往調查，其難於探討有如此者；若在他國財務行政完整國家，則絕不會有此種奇異現象發生也。（二）爲財政權之被監督也。我國自辛亥革命，以關稅收支兩權均委託於總稅務司後，於是財政權亦遂受外人之監督。以後每募公債，即常利用關稅以爲擔保，因之總稅務司在財政上更增發言之權限；即歷任財長每值一籌莫展之時，亦輒乞靈於總稅務司，視其意嚮所在以爲財政政策之標準。此在實際上之利害方面言，容或可承認總稅務司之舉動爲正當；但就干涉國家財政一方面言，則其侵害國權亦云甚矣。（三）爲列強侵略中國之機關也。海關洋員，所服職務，率多超出稅務以外之事，舉凡民情國隱，亦必多方搜集，以供在華外人參考，以及其本國政府對華施政之用，如上述半官式之報告，所稱爲「海關祕密行政」之一端者，即其一例。惟此尚爲平日侵掠計劃；至於遇有非常事件發生，海關稅司，輒不惜與其本國政府沆瀣一氣，協力以謀我；如民國十五年二月間，廣州稅務司以華人稽查外貨，致英商業大受損失，憤無可洩，乃電徵總稅務司之同意，竟封鎖廣州港以爲報復，雖以中國政府之抗議與人民之反對不顧也，於此可見外人管理海關爲害國家之一斑矣。（四）爲增重行政之經費也。夫一國行政，對於所需經費，常有預定數目；而我國海關則不然，預算決算，向不發表，審計院無由核查，任從外人隨意支出，以致每年徵稅費用，至達海關收入之一成各種糜費，不勝指屈，而外人且至無事可辦，消磨時日，雖以英人之自爲總稅務司者，亦曾親切言之。（參考盧夢顏譯：前署總稅務司戴樂爾之中國海關改良芻議）揆厥由來，良以海關經費，來自稅收，彼外人者正欲以此爲殖民發財之地，故不惜濫耗經費也。

（乙）經濟方面之利害關係　外人管理海關，在經濟方面，以對於金融及商業兩方關係最爲密切，而爲害亦最甚，舉其大者約有五端：（一）現時關款存放外行，足以使金融阻滯，商業週轉不靈也。蓋在前清末季，關款未存入匯豐三銀行以前，華洋貿易雖年年輸入超過輸出，致使國內經濟受困，現銀艱澀，銀根日緊；但尚賴有收入關稅，於已收未償以前可資挹注，藉以活動市面；至辛亥革命後，以外人之要求，由總稅務司保管關款存入外行後，外商金融陡見活動，而華商方面，以現銀存底驟薄，銀拆高漲，各種商業亦因受打擊不小，此即關稅存放外行之害處也。（按前清時，吾國借用外債以關稅作抵者，其償還辦法，係由全國各關分攤，由度支部飭令按期解交上海道，由上海關道負責保管，於未曾償債以前，即以此款自由存放市面，以裕金融，俟屆償還期，再行提解各國經理債票銀行。此時各關應解上海關道之款，源源而來，循環取付，積存數極爲鉅厚，以此流通市面，調劑金融，不獨上海市場胥賴維持，卽全國各大埠之商業，亦間接受其利益。蓋上海爲全國金融中心，舉凡國內各地農產工藝商業所需流動資金，直接恃各商埠省會銀行業借給，以資週轉；而各商埠省會，則仰給於上海，廣州，漢口，天津，四大商埠；而四大商埠金融之調劑，則以上海爲歸宿：故如上海金融調劑得宜，則國內大小商埠，亦自然間接受其利益矣。（二）總稅務司保管公債基金，足以操縱公債價格，引起金融界與財政界之不安也。原一國公債，在財政穩固之政府下發行，本可平價出售，在市面上無甚起落可言；而在我國變態之財政狀況下，公債價格，實爲一般人最易之投機物；而最利用投機者，尤莫過於銀行界及財政界中人；彼等常利用總稅務司保管公債基金之權限，與之互相勾結，以操縱公債價格，致使財政上於金融界時呈不安之象，此實引用外人管理公債基金之爲害也。（三）外人管理海關對於估價驗貨等事，論者多謂不盡不實，而對於外商，尤多放任行爲。現時稅率，名義上雖爲值百抽五，而實際上尙未切實抽至此數；然以海關爲外人管理之故，亦無法以查驗，稅收損失，每年爲數當亦不少焉。彼外人動輒藉口華人貪賄循私，其實外人恐將更甚；觀於鴉片自從禁止出口以後，在關册上雖無記載，而在各通商口岸，則洋土充斥如故；上海外商，至有常因販賣煙土而涉訟於從前會審公廨者；於此知外人管理下之海關，其腐敗情形當有過之無不及焉。(四)外人管理海關，對於外商則極力與以便利，對於華商則百方留難，此尤足以阻礙華商對外貿易之發展也。最著之例，如以英文爲海關通用語文，(最近民國十六年四月，國民政府已下令海關通用語文改爲華文)此不僅有辱國體，且實際爲害於商民。蓋英文發票，英文報單，均非我國普通商民所能熟諳焉。其次外人查驗船貨，對於外商多敷衍了事，對於華商則無事不加挑剔；以致本國輪船，視『洋關』(此爲中國商民加於中國海關之名稱)爲畏途，而外國官民，反遇事輒要求稅務司必用該國人民，如日本之於大連關，德國從前之於青島稅關，皆曾明定稅務司必須屬於該國國籍。苟非稅務司對於各該本國商民與以特別之便利，又何用要求爲哉！(五)總稅司保管稅款存放於外國銀行，致使本國金融緊縮，外商反以活動，其爲害上文業已言之；而每遇划還賠款債款之時，因向例均由滙豐等行按照滙兌行市結價，於是外國銀行更得乘此機會大擡市價以牟巨利，而中國於受賠款之害以外，且更須受匯兌結價之損害矣。有人計算一九二一年至一九二五年之匯兌結價，以匯豐等行之掛牌行市與眞正行市相比較計中國所付債款，計共一五六四八〇七九鎊，照眞正行市結價，祗須付規元九千四百五十一萬餘兩，而照匯豐等行之掛牌行市，約付規元九千五百六十三萬五千餘兩，是匯兌結價之損失，已虧損一百一十二萬八千餘兩矣。此特其一例耳，倘以歷來鎊虧之數並計，爲數當更可驚焉。

要之，外人代管海關制度，就上所述，其影響於政治經濟方面之禍害，已不下九項；此外恐尚不可以數計，斯其關係重大，誠不下於關稅自主權喪失之爲害矣！

第四章　中國現行關稅制度之缺點

我國關稅自主權喪失之沿革，就上數章所述，當可概見一斑。此種「稅權喪失」之弊害影響如何，吾人可就現行關稅制度以觀察之：

中國現今實行之關稅，以內外貿易爲標準，可分爲（一）進口稅（二）出口稅（三）沿岸移出入稅（四）子口稅（五）常關稅（六）釐金稅（七）船舶噸稅（八）貨物免稅（九）陸路貿易減稅等數項，茲卽分述如下：

第一節　進口稅制之缺點

中國之進口稅，論者謂與亞非兩洲劣等國之進口稅相等，有兩大特質，卽稅率極低稅目分類極簡是也。蓋自光緒二十三年以後，進口稅率，始終以值百抽五爲原則；中雖修改稅率三次，亦僅以從量稅改算而已，非變更從價「值百抽五」之原則也。至稅目之簡單，尤爲當時大吏「無識」之表現，原貿易發達之國家，其所需之貿易品，普通貨與優等貨價格相距懸殊，若能將稅目詳細分類則匪獨於稅收有所增加，即於貿易之實際亦更符合，此實財政貿易兩方面交利之道，惜當時訂修稅則之人不及顧慮也。

不過稅率極低，與稅目極簡二事，雖屬有害，然究不如根本上協定稅率之爲害更甚。良以稅率旣經協定以後，非經締約國之允許，卽不能加高稅率或低減稅率；是則我所欲獎勵進口之貨如機器等，亦不能減免稅餉以輸入，而壓迫本國工業之疋頭等項，又不能增加稅率以杜其進口，致使本國工業無由發展，而外國製品反得長驅直入，此種禍害，殆純由協定稅率所致也。是以協定稅率之爲害，尙不在乎進口稅率之低，乃全在稅權不能自主。稅權旣不能自主，則雖協定進口稅則加增至値百抽十一如從前之士耳其，或加增至値百抽八如埃及，其爲害仍無異於百分抽五時也。且也近世競尙「關稅壁壘」政策，他國可以關稅重徵以限制我之出口貨物，而我國則因稅則協定，不能行使報復關稅，致坐視外貨之侵凌而莫可如何，此種現象，若絲，若茶，若布，若糖，蓋尤爲顯見焉。

我國所受協定進口稅率之害，已具如上述；但論者以爲國定稅則，在現時各國中，純由國定而不受國際之束縛者，亦不數數覯：英爲自由貿易國家，其關稅素尚財政主義，然而互惠條約及對於各屬地之優待稅率，亦先後訂立；俄國自革命後，首以放棄特權自詡，而與英國訂結稅約，仍規定『兩締約國關稅稅則，採取平等相互主義，同意協定。』是可知協定稅則，在敦睦邦交國際親善方面之言，似亦非可厚非也。殊不知此種協定，實大異乎我國所謂協定：我國向來協定稅則，僅我國單方面受限制，而與外人無與焉。外人可以公然限制我之課稅權，而我國對於各國如何課稅，卻絲毫不能容喙。例如民國十五年時日本增加奢侈品稅，我國夏布亦在重征之列，雖以我國之一再抗議，而日人悍然不顧。又如法人重課國外絲織品以保護其國產，故對於我國之進口繡貨至課以百分之八十以上之進口稅；而我國對於法國緞綢之入口，仍按例值百抽五，致令外國絲織物遍國中，而本國綢緞大受其打擊焉。是以欲言眞正國際親善，則現時片面的受限制之協定稅則，非根本打銷，而易以互惠協定不可；不過以現在各國工商業情形之不同，與我利益常相衝突，是則眞正互惠協定，亦正未易言耳。

第二節　出口稅制之缺點

我國之出口稅，自道光二十三年依値百抽五原則，而協定爲從量稅率後，迄今如故。此項出口稅在昔關稅被視爲一種交通稅之時代，在歐洲各國，亦曾與通過稅同時盛行；惟自由貿易思想勃與以後，至前世紀中葉，卽殆已全廢，其對於極少數生產品而徵收之者亦僅數國而已。彼等之所以廢止出口稅，良由『出口稅徒減弱其本國貨在外國市場之競爭力又阻礙本國貿易發展故也。』（參考高柳松一郎中國關稅制度論第四編）卽有徵收之者，亦或因：（一）某種貨物在世界市場有獨占性，故課稅以增收入；（二）或因經濟上及軍事上之理由，故課稅以保留某種特殊貨物於國內備用；（三）或基於社會政策，如一八九四年德領拖郭牧草歉收，因施行羊皮玉蜀黍出口稅；一九〇二年銀價暴漲，墨西哥對銀錢貨，課十一之出口稅是；（四）或基於保護政策，如德奥諸國爲保全製紙原料，而課破布出口稅；瑞士爲維持森林，而課木材出口稅是。要之現時各國，對於出口貨之無差別的課稅，蓋甚鮮焉。獨我國因協定稅率之約束，至現時仍不能廢止此項惡稅，且對於出口貨物一無差別而課以均一值百抽五稅率，此實阻礙出口貿易之最甚者也，我國大宗出產若絲茶之屬，從前本具有世界市場之獨佔性，一自他國與我競爭以後，我國出口絲茶遂漸衰頹；其衰頹之原因固不只一端，而因出口稅之關係，成本因以加重，要亦一大原因焉。

中國所受出口稅則之害，除上述足以阻礙出口貿易之發達一原因外，實則根本弊害，仍在「協定稅率」一點；此與進口稅實無二致也。蓋關稅政策之施行，本因國情而殊，因時制宜，方見促進貿易之效；若協定出口稅率，則關稅政策之彈性已失，外人即可挾以謀我；是以我國欲獎勵新式工業製品出洋免稅，而外人不允，必欲我國照約課稅，是獎勵國貨之自主權以協定出口稅率而喪失；反之我國對於不應輸出之食糧品等，理應重徵以遏制輸出；但外人亦以條約關係，不容我之加重出口稅率，致坐令本國經濟發生困難。最著之例，如近年長江及南方一帶之肉食品，以英國爲大量之收買，我國不能重課出口稅以禁止，遂致本國社會生活程度驟然增高，其影響良匪淺鮮。又如前年棉貴紗賤之際，外人欲破壞我之紗業，遂故令棉價高漲，以促進生棉之輸出，而本國紗廠反無棉花可用。政府爲維持紗業計，雖欲重課棉花出口稅以保護重要工業而不可得。是保護工業之自主權，亦以協定出口稅率而喪失矣。要之協定稅率，實爲中國產業不振與貿易不發達之致命傷，至於稅率之高低，蓋猶其次焉者也。

第三節　沿岸移出入稅制之缺點

沿岸移出入稅爲對於沿岸貿易所課之稅，在近世各國中此稅多已廢止，惟我國尚未實行廢除。（民十四北京財政委員會會議決廢止此稅。）要亦惡稅之一種也。原此稅之徵收，本以調劑常關之稅收，因土貨通過常關有稅，若復進海關而不課稅，則向之通過常關者，將趨避至海關，此於常關稅收不無影響。但徵稅之本意雖如此，而實際所得之稅款却甚有限，結果徒使本國商民受害而洋商反因緣以得其利也。玆舉事實以證之：據北京財委會議決廢止此稅之理由謂『凡土貨由內地各海關已納正稅，復至沿海等關，照章七日不能運出洋者，應再納到地半稅二·五，俟出洋時重行發還原商；然貨物已賣與洋商則須將派司及提單等均交付之以便提貨；而洋商於運貨出洋時，此發還之到地半稅，卽爲洋商冒原派司之名領去因原商手無憑證，不能提貨也。查十年份出口正稅一千七百餘萬兩，此項半稅應得八百餘萬兩，而國家收入，僅二百餘萬兩，其餘六百萬皆爲洋商所得。』其有害商民，無益稅收於此可見一斑矣。

沿岸移出入稅之弊害，如上所述，固不僅「無裨稅收，有害商民」已也；其大害所在；尤在妨礙土貨貿易之發展。原此稅之性質，本無異於釐金，亦爲通過稅之一種。吾國對於洋貨之通過，除納進口正稅外，如改運他口，卽通行無阻；而對於土貨之改運各口則出口有出口稅，進口有復進口半稅，合計值百抽至七·五，是擔負及成本均較洋貨爲重。此亦無怪乎通都大邑洋貨之愈充斥也。今欲促進土貨貿易，則此畸輕畸重之關稅制度，非卽行裁撤不可；裁撤以後，洋土貨亦僅立於平等的地位而已，若根本改進土貨貿易，斯又非運用關稅自主權不爲功矣。

第四節　子口稅制之缺點

子口稅（子口半稅）之由來，本外人以我國內地釐卡林立，橫征暴斂，不勝其擾；因强迫我國訂約，議定洋貨運入內地納子口半稅一道外，卽可暢行無阻沿途經過關卡，不得更課以任何捐稅。是以此稅之原來目的，乃在保護洋貨進口貿易，而於國內土貨之流通，則不加保護，故亦爲惡稅之一焉。

子口稅對於貿易方面之影響頗大，可就進出口貿易兩方面言之。進口洋貨欲販運內地，只須陳報進口海關，完納進口稅率之半，取得子口稅單，卽可遍運天下，不納釐稅，而毫無時間限制。此種優待因僅對於進口洋貨爲然，故本國貨欲『遍運天下』則非納內地各種釐捐不可，是對於洋貨則優待，對於國貨則明明歧視苛待也。流弊所及，致使我國南方之貨物，欲運入長江流域，亦多經由香港運入上海，而僞託爲洋貨，以謀運入內地豁免稅釐之利益，此誠言之心傷者也。以此而欲國貨與外貨競爭，其可得乎！

至於出口貨物，亦惟出口外洋之貨，方克享有『出口貨子口稅』之特權，其稅率爲出口正稅稅率之半。若販運國內之土貨，則仍須受釐金苛捐之剝奪，而不能享受此特權也。以中國對外貿易歷來操於洋商之手，故享其利者仍爲洋商，而華商則僅沾餘瀋而已。且華商之得享此特權，尙在光緒二十二年以後；以前出口貨課子口稅，條約上爲限於外人所買進之貨物，以致外人常利用此特權，將持赴內地購貨之三聯單（transit pass memorandum）賣給華人以牟利。觀於一九〇二年英國水師提督貝思福來華調查商務時，即已盛稱西人利用子口稅之特權以包攬華商運貨，（參考 Berlsford: Breach of China 卷三第二十三章）則此稅之足以阻礙華商貿易，亦可見一斑矣。現時華人雖亦得享有出口貨課子口稅之權，但領取三聯單頗困難，不如外人經由領事向海關監督請求之便；彼外人只須領事照例代索，海關監督即可發給空白聯單；而對於華商則百方留難。其最甚者有『所謂「鎭江制度」』，於未發三聯單以前，使華商提出保狀於海關，具明違反子口稅規則時，甘願罰稅六倍。』（……參考高柳松一郎……中國關稅制度論第四編第三節）其他各關又有使華商於領單之時，先繳等於該貨應完出口正稅三倍之押款，若以三聯單所購之貨物到本埠後，不於所限期內，輸往外洋，當繳出口正稅一倍半之罰金；如將貨物轉入他口，不於所定期限內輸往外洋，應繳出口正稅兩倍半之罰金。』（見民國十四年津海關布告華商領用三聯單之期限）此則限制華商之嚴，直又變本加厲矣。

子口稅本爲不平等之稅制，而施行之時又復對於華洋商人待遇不平如此；一國之關稅政策荒謬一至於斯，豈獨妨礙對外貿易，實亦貽羞國家矣。現外人以我國之不敢與較也，乃愈濫用此稅制以營私舞弊，而以三聯報單爲其唯一之工具。計其爲害之最甚者：（一）洋商在內地採辦土貨並不出口，仍在國內銷售或供製造之用，因之華商華廠以成本關係而不能與外人競爭，惟有坐受其壓迫；（二）洋商購辦土貨既不出口，即以此聯單爲抗稅之資，因之政府稅收亦受影響；（三）洋商以華商領取聯單困難，乃以己之所領得者勾結華商代爲包攬，因之華商可以規避納稅，洋商亦得因緣取利。凡此諸端，皆其流弊之最甚者，若不速加糾正，則其爲害於貿易之發展，與產業之振興，當更甚於其他各種惡稅制也。（民國十四年中國政府對於洋商領三聯單以牟利事，曾發表宣言，痛論其害；主張洋商採買土貨，應先向當地徵收機關預繳保證金，如果運至出口海關證明確係出洋者，准予發還。又洋商所辦土貨，如係轉口者，仍應完納內地釐稅。此宣言嗣亦無甚結果，徒成具文而已。蓋眞欲改革，則裁釐必須施行，此子口稅制亦當在裁撤之列也。）

第五節　常關稅制之缺點

常關稅爲我國最古之關稅，其與海關稅之不同處，卽海關稅以課徵輪船貿易爲主，而常關稅以課徵帆船貿易爲主；又常關稅與釐金之不同處，卽釐金稅爲地方的關稅，而常關稅乃國稅也。然以其本質言，二者皆含「通過稅」之意義，故常關稅實亦無異於釐金也。常關就其地位所在，可分爲三大類：（一）海關所在地五十里以內之常關，（二）海關五十里以外之常關，（三）內地常關。第一類因賠款擔保之關係，於一九〇一年起移歸海關管理，後二類則皆歸財政部管轄。其徵收方法與稅率，各關頗不一致。除海關所管理之常關，其課稅方法稍臻統一外，餘則各自爲政。是以就商民方面言，常關稅之阻礙貨物交通，亦正與釐金稅殊途同歸也。

常關稅之最有礙於貿易者，尚不在法定稅率之苛，而在附加稅之煩瑣，與賄賂之誅求無厭。蓋法定稅率，大抵以雍乾時代所制定者爲基礎，比之現時物價，恐未超過值百抽二・五以上；但實際稅率，則增數倍十數倍亦爲恆有之事。良以內地稅關，向所視爲營私舞弊之地；政府對於稅收，且制定所謂「歲額徵收攷成條例」以求各關每年徵足一定之收入；如所徵額比官定標準有高下時，卽以爲升降之權衡，則雖欲稅吏不刻意誅求，夫豈可得？在政府之原意，或爲謀稅收之穩固，而不知於商業交通方面，阻礙實甚也。中國土貨貿易之不能發達，此種稅制要爲一大原因矣。論者謂欲求常關之改良，當以五十里以外之常關及內地常關亦均委託於海關管理，此實荒謬絕倫之語。須知海關所管理之常關，徒以賠款關係，致將管理之權委之外人，已爲國家之羞；今不收回而又以其他各關委之外人管理，是不啻飾詞中國政局現狀不良，亦當託外人代管爲愈也，於理通乎？吾人固知常關稅制之有害於商務，但於主權亦不可不顧；使中國現時能收回關稅自主權，則進口稅率增加，常關釐金等稅卽可裁撤矣。

第六節　釐金稅制之缺點

釐金稅爲中國關稅制度之最足以妨害貿易發展者，蓋在外部關稅中，以進出口稅之協定稅率爲害最甚，上已言之；在內部關稅中，則爲此處所言之釐金稅。此兩種惡稅制若不改革，則中國國內外貿易將均無發達之可能；卽使發達，亦不過如現時畸形之發展，對外貿易大權，盡操於洋商之手——結果貿易額愈增加，而國家之漏卮愈鉅，徒速國民經濟之破產耳。

釐金稅之何以病商，可一言以蔽之：卽其徵收之動機，本出於財政的收入爲目的，苟能於稅收有所增加，卽病商亦所不惜也。當釐金在初設之際，以屬權宜辦法，且稅率極低，故倘未見其害；及後各省踵事增設，稅目逐次增加，稅率亦不僅以『釐』爲限，致有『百貨釐金』之稱，至此害乃大見；惟此際尚僅設於衝要之地，就來往貨物課取通過稅爲限也。一至滿清末年以後，各省大吏，以財政之窮困，更新增種種苛稅，以達其橫征暴斂之目的，雖未用釐金之名，而實際上固均爲釐金性質也。現時釐金稅之種類，就大體上可分爲三類；第一類爲出發地釐金，第二類爲中途釐金，第三類爲到達地釐金，第一類之釐金在出產地課稅，所謂「出產稅」是也；第二類之釐金，貨物在中途通過時課稅，卽俗所謂含有通過稅性質之釐金也；第三類之釐金，係在貨物達到地點課稅，所謂「銷場稅」「落地稅」等是也，現卽就此三種釐金而察其妨害貿易之情況如下。

第一類釐金之出產稅，可以「出廠稅」爲例；出廠稅之最初規定，見於馬凱條約第八款第九節，就該約所規定，則本國機製貨物與洋商在我國所製造之貨物，竟受一律待遇；以現時洋廠勢力之大，而受優遇如此，則本國機製貨物將絕不能與之競爭，勢必徒供洋廠壓迫犧牲而已。惟此種出廠稅尚以機製貨物爲限，故其影響亦僅及於新式工業製品方面爲止；外此尚有內地各處，對於土貨出產之隨意課稅者，則其害尤甚於上述機製貨品。蓋前者尙有條約上稅率之限制，而後者則一任軍閥橫征暴斂巧立名目，故其有阻於土貨貿易之發展爲害更烈也。

第二類之通過釐金稅，即世所稱謂病商之最甚者也。蓋此種釐局，設立最多，總局則設立省縣都會，分卡則遍設市鎮或水陸要區；要之貨物通過稍多之處，即有釐局存在，而釐局存在之處，貨物通過即增困難，此就阻礙交通方面言釐金之病商者一也。其次此類釐金稅率頗不一致；常有名義上爲值百抽五抽十，而實際上數倍十數倍於其名義稅率者，以致貨物成本加重，對內則阻滯貨物流通，對外則不足以與外貨競爭，此就加重成本方面言釐金之病商者二也。又次此類釐局稅吏大都貪婪無厭；對於通過貨物船舶，誅求稍不遂意，即以停止驗貨爲要挾，以致遷延時日有誤市況者，嘗比比焉。此就擾害商民方面言釐金之病商者三也。外此尚有大商巨賈倚仗勢力即可漏稅，或藉官廳名義，或藉洋商旗幟，而小本營業，則坐受種種苛索，結果釐金稅收固受影響，而一般商人亦受累不堪，此就便利洋商方面言釐金之病商者四也。此等弊害，蓋皆顯而易見者；至於釐稅之被稅吏中飽舞弊之足以墮落國民性，此又當作別論矣。

第三類之銷場稅，落地稅，蓋皆於貨物運到販賣地後，一次徵收之稅制也。銷場稅於一九〇七年初行於奉天（支那經濟綜攬第二卷第五章）近年各大鐵路亦大都實行此稅制，如京漢鐵路於北段設「直豫釐金總局」南段設「豫鄂釐金總局」通過時概不征收，僅於落地時課銷場稅。津浦鐵路亦傚照辦理，於南北二段各徵收值百抽二·五之釐金。滬寧鐵路對於土貨之釐金，則銷場稅與出產稅均爲值百抽二。此種稅率現時雖最高不過值百抽五，然以土貨通行國內而受層層留難，固已大悖於近代稅制之精神矣。落地稅大致專對以下兩種貨物課稅，即依子口單運銷內地之洋貨及依三聯單運載出口之土貨，故外人有以此稅爲違反條約之行爲者。但實際上此稅課於坐賈之手，非由外人徵收，不能謂悖反條約也；不過此種稅制，苛煩太甚，內地市鎮，亦非專對於完子口稅之貨物課收，幾於任何貨物亦皆課取，蓋純粹屬於地方的雜稅性質也，是以此稅之害，其影響於對外方面者猶小；惟對於內國消費者則頗大焉。

我國現行釐金制度，除上述三類外，尚有一種包辦制度，卽所謂認捐與包捐是也。認捐由營業者之同業團體自行認捐定額之稅款，卽可免官廳之徵收；包捐則營業者以外之人，以贏利爲目的，以一定之金額包徵一定之貨物稅；此兩種包辦制度之由來，蓋皆爲避免徵收之繁難起見，但實際上認捐制度若果善於運用，則釐稅之弊或可減少幾分；至於包辦制度在官廳方面或可減少徵收手續，而在商民方面，其受剝削固無大殊也。故眞欲免除釐金之害，斯非根本撤除不可。根本裁釐之爲利，識者類能言之，但以近來疆吏之狃於目前稅收，而不顧國計民生之大害，此所以遷延觀望，而終於飮鴆止渴也。

第七節　噸稅制之缺點

噸稅（船鈔），乃由出入本國港灣之船舶征收之，一面以此稅款爲便利航業之設備，一面且可資爲行政經費補助之用者也。此稅在理論上因爲「交通稅」之一種，故有以阻礙交通爲病者；但各國習爲成規，亦未之能廢也。惟各國對於此稅之徵收，及其稅款之支配，例由國家自由裁奪，不受外國之拘束。例如在昔歐洲重商主義全盛時代，噸稅之徵收，至被利用爲海運政策之一；又如現時歐美各國噸稅稅率，其施用於本國船舶與外國船舶，亦皆輕重不等。（如美國現行關稅法規定，凡自美國各港及紐芬蘭等地進口之船舶，每噸課以噸稅二仙，而由其他外國港灣入口之船舶，每噸均課稅六仙，）惟我國自道光二十三年協定進出口稅則時，同時對於噸稅，亦協定爲『每噸輸銀五錢，』自此制定鈔率之權，完全喪失。夫噸稅之賦課，不獨關係一國主權，且於保護政策及航業政策，亦息息相通；彼外人之對於本國船舶進口，噸稅特較外船爲輕，原所以獎勵本國之航運也；而我國則層層束縛，無由自解，中美續約第三款且明定：『美船所納之鈔，均照中國船隻及各國船隻一律繳納，並不額外加征，亦不另徵他項稅鈔。』在我國之初意，容或藉此以表示中外商民之平等待遇，而不知中國航業在此種幼穉之情形下，不加保育，固無由與外人競爭也。至於噸稅用途之支配權，現時亦歸外人干涉，代行支配，此尤爲可恥之事；蓋關稅之歸外人支配，尚可飾詞債款擔保之關係；至噸稅之用於修理河港，我國固可自由設施，不必勞外人之越俎代謀也；乃因條約關係，現時亦均歸外人管理，以致外人對於其本國商船，則與以種種便利，對我國商船則多方留難，此其影響於我國航業之發展，蓋匪淺鮮焉。

第八節　貨物免稅制之缺點

中國關稅制度之不良，就「免稅貨物」一項以觀，亦可窺見一斑。蓋獨立國家之關稅政策，乃因時以制宜，對於何種貨物宜免稅或宜增稅，皆自有其權衡，不若我國對於進出口兩方面之免稅品，皆協定於條約中也。且各國之免稅規定，大都有其旨趣所在：——如需要機器甚殷之國，其輸入免稅以促產業之發達；製造發達之國，免輸出製品稅以謀銷路之擴張。——不若我國之免稅規定，乃完全循外人之請求，以謀外人之利益為張本者也。

茲先就進口免稅品以言。進口貨物免稅之規定，始於道光二十三年之中英通商章程，當時僅載：『凡進口金銀類，各樣金銀洋錠錁免稅。』『又進口洋米，洋麥，五穀等皆免稅。』

至咸豐八年之中英通商章程，乃將免稅範圍擴大『凡有金銀，外國各等銀錢，麵，粟，米粉，穀米，麵餅，熟肉，熟菜，牛奶酥，牛油，蜜餞，外國衣服，金銀首飾，攙銀器，金水，碱，柴炭，薪，外國蠟燭，外國煙絲煙葉，外國酒，家用什物，船用雜物，行李，紙張，筆，墨，氈毯，鐵刀，利器，外國自用藥料，玻璃器皿等等，』亦皆在免稅之列。直至義和拳之亂事發生，各國以索賠過鉅，款無從出，始於辛丑公約中重行規定：『所有向例免稅各貨，除外國運來之米及各雜色粮麵，並金銀以及金銀各錢外，均應列入切實值百抽五貨內。』嗣此雖得修正，然以前四十餘年中之稅收損失，亦良不貲也。惟稅收之損失其害尤小，而免稅協定之損及主權實大。例如糧食一項，向准免稅輸入，原爲便利民生起見，但自我國新式麵粉工業發達以來，本廠粉已可自給而不須外求，而美國與加拿大之麵粉以歆於免稅之利仍源源輸入我國，而莫能遏，致本廠粉大受影響，現雖欲加稅而以礙於條約之協定，固無可如何也。

更就出口免稅品論之：出口貨物之應免稅，本爲近代關稅政策精神之所寄；獨我國於立約之時不解此旨，致英使利我昏庸，首以進出口一律課稅之旨明載約章，復將違禁免稅各品，亦分別列舉，訂入中英五口通商稅則中。考當時（道光二十三年）通商出口稅則之關於免稅者，凡兩項：『金銀，洋錢，及各樣金銀類免稅』『瓦瓶瓦片等造屋之料免稅。』其後咸豐八年中英通商章程，乃增多為五六十種。（已見上述進口免稅品）惟種類雖增，而意義毫無；洋土貨既混而為一談，而奢侈消費家用各品，亦復不分皂白，一律免稅，此實各國稅法中所不經見者也。辛丑之役，進口免稅品雖經修正，然出口免稅品應否變更，條約尚無明文規定；惟實際上出口之免稅品現時不過（一）金銀塊，外國貨幣，（二）中外書籍，（三）水陸各圖，新聞紙，教育用圖畫，（四）貨樣，（五）山東金砂，海南之銅，（六）機器仿造洋貨等六項，以及專案免征之茶葉，髮網，野蠶絲等數類而已。其中所可注意者，機製洋貨免稅，尚可視為獎勵出口貿易之政策；惟輸出無多，尚不能與外貨競耳。

第九節　陸路貿易稅制之缺點

中國關稅之失敗，不僅海關稅為然，邊境貿易之陸路關稅，其損害國權，恐視海關稅為尤甚。免稅減稅之規定，在清廷之初意，無非示外邦以仁厚之至意，固未必基於商業政策條約；惟免稅減稅區域，初猶以「陸路」爲限，及光緒二十二年與俄訂立中俄合辦鐵路公司合同章程時，乃又規定由鐵路運貨往來，其應納稅款，亦較各國通商稅則減三分之一以完進口出口正稅，是又開鐵路運輸減稅之端矣。以後英法日本各國亦遂相沿爲例。

夫陸路貿易減稅，在原則上亦未始不可行；無如我國之減稅免稅規定，於俄國則基於妄自尊大之仁惠政策，於日本英法各國，則大都爲變相城下之盟被迫而成。其在現時，要均無可成立之理由也。蓋舊時陸路交通機關未備，邊境貿易爲額甚小，故尙未見其害；晚近則陸路貿易，鐵道交通甚便，彼外人方傾全力以謀推廣其商務，而我國以基於協定免稅減稅條約之限制，不能對於本國商務有所保障，匪僅於稅收上損失不小，即在陸路商務之發展上，亦非改正陸路稅則由我自主，不能遏制外人之商業侵略計劃也。

中國關稅制度之內容，上述九項已可略見梗概；吾人就此等制度略加探討，殆無不與近代關稅政策之精神大相剌謬；以此而言促進貿易，以與外人競爭，殆誠所謂南其轅而北其轍矣！

第五章　中國修改稅則之經過

稅則有廣狹二義，廣義之稅則係指「關稅制度」（the tariff system）而言，狹義之稅則則僅指「稅率表」（table or scale of charges），吾國歷來修改稅則，即修改稅率表也。不過亦非將海關全部稅則修改，通常只修改進口稅則而已；而且進口稅則中亦非將其全部修改，通常只修及進口稅則中之從量稅而已，與從價稅無甚牽涉也。又修改從量稅則，亦非即增加從量稅則之謂，蓋吾國稅則已有條約協定在先，最高不過値百抽五而已，不能於値百抽五以外再有增加。歷來之所以修改從量稅則，不過因貨價高低不同，名爲値百抽五有時實際上並未抽至此數；蓋物價因自然增漲關係，今昔常相差甚鉅，昔年貨價低下，其所訂稅則値百抽五，於稅收方面尙無額外損失，時勢變遷，物價逐漸騰昂，此時稅則雖仍如故，而實際上所徵之稅，在値百抽五以下矣。今爲補足此虧損之貨價，自不能不以最近之實在貨價爲準繩，以達切實値百抽五之目的。故有人嘗謂：與其謂此爲修改稅則之問題，勿寧謂爲對於進口稅中從量稅則行切實值百抽五之問題之爲當也。

由上所述，稅則之應時時修改，實爲至公允之辦法。故他國常有規定於最短時期內卽應修改一次者。無如我國因稅則係協定，而於修改稅則亦備受條約上之桎梏，言之至可慨也。考我國與各國所訂條約雖常規定海關稅則每十年修訂一次，而八十餘年來實際上僅只修改四次，（咸豐八年，光緒二十八年，民國七年，民國十一年，）貨價日漲而稅則不能隨時更訂，此項無形之損失爲數殊不貲也。茲特將歷來修改稅則之經過情形分述如下：

第一節　進出口稅則之最初議定

中外最初議定之稅則，卽道光二十三年所議定之廣州福州廈門寧波上海五關出進口應完稅則。本稅則之訂立，初由中英兩國協定，後法美各國踵而行之。該稅則因草創伊始，分類頗簡，計出口貨分十二類，共稅目六十八；進口貨計分十四類，共稅目六十六，略如下述：

（稅目略）

出口稅則

出口油臘磬礦類
出口香料椒茶類
出口藥材類
出口雜貨類
出口顏料膠漆紙劄類
出口器皿箱盒類
出口竹木籐椰類
出口布疋花幔類
出口衣帽鞋靴類
出口綢緞絲絨類
出口氈毧毯蓆類

進口稅則

進口油臘磬礦類
進口香椒類
進口藥材類
進口雜貨類
進口顏料膠漆紙劄類
進口醃臘海味類
進口竹木籐椰類
進口布疋花幔類
進口鏡鐘標玩類
進口綢緞絲絨類
進口酒果食物類

出口糖果食物類　　進口銅鐵鉛錫類

進口珍珠寶石類

進口纓皮牙角羽毛類

上項稅則，並未載有「有效期間」之明文，此蓋由於我國當時官吏闇於稅務原則，初不知從量稅則之須修改，關係特爲重大也。

第二節　咸豐八年之稅則修改

咸豐八年中英訂立天津條約，稅則亦同時加以修訂。法俄美各國因之，其大體亦無或差異。此次稅則與上次不同處，除從量稅則稍加修正外，稅目亦稍增多，計進口貨稅目增至一百七十七，出口貨稅目增至一百七十四。至其分類，進口貨仍爲十四類，出口貨仍爲十二類。

此次稅則修改之原因，在中英天津條約第二十六條言之甚明，中謂：『前在南京條約

第十條內定進出口各貨稅，彼時欲綜算稅餉多寡均以價值爲率，每價百兩征稅五兩，大概核計，以爲公當。旋因條內載列各貨種式，多有價值漸減而稅餉定額不改，致原定公平稅則今已較重，擬將舊則重修，允定此次簽約之後，奏明請派戶部大員卽日前赴上海會同英員迅速商奪，俾俟本約奉到硃批，卽可按照新章，迅行措辦。』由此以觀，此次修改稅則動機，似反在英人以物價偶有低落之事，故欲我國與之重訂；吾人試就此次稅則以觀，其中應完稅銀頗有較前次爲低者，卽可知其用意所在。然吾人亦幸喜有此次之稅則修改，致得於此約之第二十條，並規定有稅則「每十年修改一次」之原則；不過引爲遺憾者，則約中規定：『期滿須於六個月之前，先行知照，酌量更改；若彼此未曾先期聲明更改，則稅課仍照前章完納，復俟十年再行更改。以後均照此式辦理，永行弗替。』自有此議，外人乃得有所藉口，而故意阻礙我國之修改稅則矣。

第三節　光緒二十八年之稅則修改

此次稅則修改，初未由於條約規定期限屆滿，乃因庚子事變，八國聯軍入京，吾國不得已作城下之盟，認賠四萬五千萬兩之巨款，而以海關收入作抵。當時訂明從速改正稅則，以期適合於切實值百抽五之數。是蓋外人懼賠款之無切實把握，故為此舉，初匪有所愛於我國也。觀於光緒二十七年辛丑公約第六款戊項內所載：『所定承擔保票之財源……新關各進款，除前已作為擔保之借款各本利息付給之後餘剩者；又進口稅增至切實值百抽五，將所增之數加之所有向例進口免稅各貨，除外國運來之米及各雜色糧麵並金銀以及金銀各錢外，均應列入切實值百抽五之貨內。』斯其欲得確實稅源以充賠款擔保之心，可謂昭然若揭。因之翌年（光緒二十八年）清廷遂派商約大臣會同英美俄德奧意比法西日荷丹瑞挪各國人員，共議新稅則，此項續修增改稅則，僅以進口貨類為限，計分十七類，從量及從價稅目，都為六百四十種，蓋已較前大為增加矣。

第四節　民國七年之稅則修改

光緒二十八年修改稅則以後，至民國成立，適值稅則十年期滿，照約應再修改一次。是年（民元）八月十日我國政府依照各國商約於期滿六個月內照會各國公使，聲明願再行修改之意。其時因國體變更，中華民國尚未得各國之承認，故各國亦無確實之答覆；次年（民二）四月國會成立，正式大總統依法選出，各友邦以次承認。十月十四日乃復由外交當局催促各國公使要求稅則修改，當時英，美，德，比，荷，奧，西等國業經承諾，而俄法日三國則欲爲附條件之承認：俄之條件，一，關於陸上貿易之關稅，仍須準據中俄陸路通商條約維持現狀；二，中俄兩國境界線附近之貨物，經由鐵路至海參崴再輸入中國內地者，應將從前所稅五分五釐之稅廢止。法之條件，一，法國所提出辛亥革命直接間接所受之損失，中國須承認賠償。日本之條件，一，華商之機器製造貨多受政府特別保護，免除釐金及內地一切稅課，對於同種之外貨不應不予以同等之待遇；二，進出口貨物既納子口稅後，不論在洋商華商之手，販運內地，不應再行徵收釐金及其他內地課稅。

以上三國所提附加條件，殆皆所謂無理取鬧；尤其日本，在當時幾毫無誠意允我修改稅則；蓋聞日本於提出上項條件以外，尙以中日續約至民國五年始屆十年之期爲理由拒絕修改。而我國外交當局則據理力爭，堅欲其爲無條件的承諾。往返交涉，是以久久未能解決。値歐戰發生，歲月遷延，遂成懸案。及至民國六年二月，我國對德抗議無效，浸至中德絕交，八月十四日又對德奧宣戰，至此因表同情於協約國之關係，乃以財政困難爲詞，請求協約國之協助。當於關稅問題提出希望條件於各協約國，其提出之條項，一，改正評價表實行値百抽五；二，裁撤釐金增加進口稅率至十二五。嗣協約各國會議數次，始決定於第一項先與以贊同，卽許我從新調查貨價，改正稅則，以享受辛丑條約上所載切實値百抽五之權利。於是雙方決定在上海設立修改稅則委員會，由中外派員會查貨價，從事釐訂稅則，費十閱月之力始得竣事，此卽民國七年修改稅則之所由來也。

在此次修改稅則中，事先我國政府曾以急於實行之故，要求各國先訂「暫行辦法」，卽日公布實行，俾目前收入可以增加，而正式稅則亦得從容改正。此項「暫行辦法」在我國初次提案時，除欲按照現時稅則加抽百分之二·五，換言之，卽照每百兩之貨抽値百抽七·五之稅爲暫行切實值百抽五之辦法。此議曾商諸外交團未得解決，而上海之修改稅則委員會已告成立。該會因年度標準未定，正式稅則無從着手修改，遂先將暫行辦法，要求各國代表承認，頗遭反對，我國乃撤回重加修正再行提出；但修正六次均未邀各國代表之全體贊同，正在磋議間，而年度標準問題已告解決，於是外國各委員均對於正式稅則着力進行，而「暫行辦法」亦遂擱置不議。茲卽就此次會議所討論之重要事項，分別略述如下。

（一）年度標準問題　所謂年度標準問題卽以某年度貨價爲標準之謂。在此次稅則改訂之初，我國本主張以民國六年（一九一七年）爲標準年度，蓋標準年度之選擇與修改稅則，有至大之關係。各國既許我以切實值百抽五之權利，在理本應調查修改稅則時之當年市價，課以值百抽五之稅，方與切實二字相符。我國上次（光緒二十八年）修改稅則係遵循外人意旨以近三年貨價爲標準；此次修改稅則外交部本思援用前例，初亦擬以民四至民六年爲標準，通牒關係各國公使，嗣以總稅務司呈請核算關册近數年之貨價，以民六（一九一七）爲最高，如能用是年爲標準，方與切實值百抽五相符，我國乃又以此意通牒各國公使。時上海委員會適成立，未開議而日本公使已照會我國提及年度標準問題，彼擬以一九一一年至一九一三年爲準，其理由謂歐戰發生後物價暴騰，出乎常例之外，不足爲據，故主張以歐戰前三年爲年度標準。實則歐戰一九一四年發生，隨後二年物價並未騰貴，惟一九一七年貨價稍見暴騰耳。若如日本主張固可逃戰後暴騰之貨價，但其去現在之市價過遠，與切實值百抽五之意實不相符；後屢經交涉，日本最後始允讓步以一九一二至一六年五年平均數爲準。但照此項辦法，貨價仍未免較實在市價過低，是以我國未允；各國亦有以日本未免對待中國有失公允，提出折衷辦法者。但卒因日本堅持，北京外交團在京會議，只得以條件附承認日本之主張，卽以一九一二年至一六年爲標準年度。惟因此五年貨册關價太低，乃求一變通辦法，擬訂明歐戰後二年再加修改一次。英美皆贊同此議。不過彼等之所以贊同，以爲戰後物價或將日趨低落；而我國則以此次所定標準年度貨價太低，戰後再謀從容修改也。因此議決案中有『戰事告終後兩年，此次修改之稅則可得全部或部分之修改』之條文，而標準年度問題遂告解決，我國當前所受之物價損失，亦只好暫時容忍矣！

不過修改稅則年限，照以前中英、中美、中日各條約，本規定以每屆十年爲限；此次我國因一九一七年之標準年度未得各國之承認，乃求一變通辦法，擬將續修年限與標準年度同時訂明以補救於萬一，幸能卒如所願，亦不可不謂非差强人意之事也。吾人回憶以前常因稅則修改之期引起意外糾紛，實皆由於條約解釋異詞所致。本來進口稅則以十年爲修改之期，此節係初見於一八五八年十月批准之中英天津條約，而咸豐八年之舊稅則則係於一八五八年之十一月簽字，修改之期究以條約批准日起算，抑稅則簽字日起算，中英條約並未載明。及至一八九六年與日本訂立通商行船條約，則訂明稅則十年修改，以條約批准日起算，故非待逢六年份照約日本不能容我修改；但若於逢六年份提議修改，英美等國又以未到期爲留難；若再於逢八年份提議，則日本又可藉口過期，拒絕修改；是以荏苒蹉跎，致令咸豐八年之舊稅則，施行四十四年之久，未經一次修改。一九〇二年若非籌議賠款機會，一九一八年若非參與歐戰機會，恐此兩次之稅則修改亦未能實現也。考此等遷延不能修改之根本原因，蓋卽由於外人利用我與各國所訂條約日期紛歧不一所致；不意鑄此小錯，竟令我國所應享之稅則修改權利亦幾爲之喪失，此誠不能不痛恨於不平等條約之重重剝削我國權也。幸此次以貨價標準年份之故，而連帶及於稅則修改年度之更改，定於戰後二年卽可舉行，此議竟一舉而打破前此「十年修改」之成例，此吾人之所以引爲差強人意者也。

（二）**標準價格問題**　又在此次修改稅則中，對於定價辦法，亦頗費爭持。原來調查貨價與修改稅則至有關係：欲達切實值百抽五之目的，自非調查當時眞實之貨價不可。但調查貨價宜以何者爲標準，此一可研究之問題也，有謂宜以某種統計平均之數爲標準者，有謂應以貨物實在之市價爲標準者；而以市價爲標準中，又有主張從卸貨口岸之價者，復有主張從起貨口岸之價者，此中影響於稅率頗大。自條約之規定言之，辛丑和約第六款第二項載『改稅一層，如後爲估算貨價之基，應以一千八百九十七八九三年卸貨時各貨牽算價值，乃開除進口稅及雜費總數之市價』云云。（又光緒二十八年通商進口稅則善後章程第一項載有進口洋貨估價方法分三項，但係指價稅而言）是調查貨價當以起岸時之市價爲準，自無疑義；不過欲稽查一九零一年修改稅則之成案，是否以市價爲憑及如何調查方法，又無文牘可攷。據日人所云，則當時有一部份貨價依關册爲準。惟此次修改稅則，我國深以關册之貨價過低爲慮，卽總務稅司亦常以關册之貨價難恃爲言。但日本則堅欲以關册爲憑，其表面之理由，以中國無統計，除關册外，更無可據之材料；裏面之原因，以關册之價較諸市價爲低，且日本貨物常與西洋貨物分列，將來分種釐訂，日本或可納較輕之稅率。我國與英美各國雖反對日本此項之主張，然究以除關册外，無其他確實之材料足資依據；蓋當時既無統一精密之統計，又無調查貨價之機關，臨時蒐集勢必不能正確可信，且非立刻所能調查完竣，因此終於贊成日本之主張，惟稍變通其辦法：卽貨價之規定，由委員會參考中國海關各貨價報告及其他可採之憑證辦理；其實際之用意，貨價以關册爲根據，惟有確實之材料可證明關册有錯誤者，亦許更改。由此亦可見我國當時無貨價調查機關所受無形之損失不淺焉。

（註）關於核算貨價手續，請閱詳李景銘編：修改稅則始末記卷一第三編。

（三）貨物分類問題　在此次會議中，對於貨物分類問題，最後亦頗費爭執。蓋我國之稅則表向來頗爲粗疏，施行數十年之久，至上次修改稅則時（光緒二十八年）猶甚簡陋。例如洋紙一項，且猶列入顏料膠漆之類，不能依其價值之高低而區別之。又機器自外洋輸入，種類甚多，似應獨分一門，乃亦歸入鋼鐵鉛錫類納稅，此皆極不公允之事。此次乃謀有以修改，當由各國代表公議結果，進口貨物共分三十類如下：

一	原色布疋類	十六	酒類
二	印花布疋類	十七	染料及化學用品類
三	染色及雜質疋貨類	十八	油蠟類
四	雜棉貨類	十九	木及木料類
五	棉線棉紗類	二十	煤類
六	毛棉交織品類	二十一	紙類

七　絨貨類	二十二　火柴蠟燭胰皂類
八　竹布蔴布等類	二十三　傘蓆扇袋杖類
九　絲貨類	二十四　膠玻璃磁器磁油器類
十　鐵及鋼類	二十五　熟皮類
十一　別項五金類	二十六　角蹄類
十二　海產類	二十七　藥材類
十三　罐頭食物類	二十八　礦物及五金器具類
十四　糖類	二十九　鮮菜蔬食物類
十五　菸類	三十　雜貨類

就上列各類貨物中，以布疋分類爭持最甚。布疋之中，又以棉紗之爭點爲最難解決。蓋棉紗每年進口，時達六七千萬兩，爲稅收之大宗；其在舊稅則中，不分粗細紗每擔定稅則九錢五分，此於日本最覺不利，蓋我國所進口之棉紗，由英國輸入者多細紗，由日本輸入者多

粗紗，粗細紗價格懸殊而所納稅率却爲同一，此日本之所以欲在上次修改稅則中要求分訂兩種稅率也。惟至此次修改稅則，日本意見却又全然發生變化，因之對於粗細紗之標準問題，英日意見頗歧；英國主張十三枝以下者爲粗紗，十三枝以上至二十枝爲中紗，再上爲細紗。而日人則以年來粗紗盡在中國設廠製造，其由日本輸入我國者多屬十三支以上細紗；反之由英本國輸入我國者雖屬細紗，然其量甚微，而由英屬印度進口者幾全爲十三枝以下之粗紗，其輸入額幾佔全年棉紗進口總額之半。是以日本竟主張照舊稅則納均一之稅，不分等級，卽不必別粗細之紗而異其稅率也。但就我國方面以言，勿論爲增加收入起見或爲保護工業起見，對於進口棉紗，均以分別粗細爲宜：蓋將來進口細紗日多，價值日鉅，若改課高稅率，收入自可增多；至就本國工業方面以觀，尤應將粗細棉紗分訂兩種稅率，庶我國萌芽之細紗業方足與外來細紗相競爭也。因之最後由我國代表與英日代表協商，求一折衷辦法，以十七枝爲始級，十七枝至二十三枝又爲一級，二十三枝至三十五枝又爲一級，三十五枝至四十五枝又爲一級，四十五枝以上及染色漂白製光者均用從價稅法值百抽五，而棉紗分類問題始告解决。

此外尚有他種貨物分類亦稍改訂：如舊稅則將鋼鐵分別納稅，鋼類稅率高而鐵類稅率低，其意無非以鋼精於鐵而價亦且昂；但實際上，海關查驗分別，頗不易易，故此次修改稅則，除將特種之鋼易於辨識者另立一類外，其餘統括於鐵類中。 又菸酒本爲奢侈品，宜特別加重稅率，此次雖未得各國承認，然於分類定價之時，亦應有所辨別，庶可多增稅額。就中尤以菸之一項進口價額最大。菸類分雪茄、紙烟、菸絲、菸葉數種。舊稅則紙煙僅分上下二等，上等紙煙以一千枝價過四兩五錢者爲準，納稅五錢，下等則不及此價，納稅僅九分。稅率相距太遠，致實際上進口紙煙均按九分納稅，損失未免過鉅，此次乃改訂爲數等，惟對於三等定價問題英日又起爭執，因日貨多爲三等貨色而英貨多在次等以上也。後由我國調和其間定爲四等了事。又菸葉菸絲舊稅則，菸葉係每百觔定稅八錢，菸絲多稅一錢五分。我國此次提案以菸葉菸絲平均計算定價爲二十七兩三錢四分，不再分類納稅，英美甚爲贊成，而日本必欲將其分別納稅，且菸葉尚須分別頭等次等，（以日本輸至中國之菸葉多次等，）

我國爲便於海關檢驗及免冒報納稅起見，乃遷就各方意旨，將菸葉菸絲平均之價改爲二十二兩，遂得通過。此外關於煤、自來火、等之分類亦均有所爭持，惟大都由於日人爲遷就自己之便利致常故意與我作難，於此亦可見中日貿易關係密切之一斑矣。

第五節　民國十一年之稅則修改

上次民七之稅則修改會議，各國曾允我以戰後二年再將稅則修訂；民國九年二月，我國政府遂根據此約向各國提出修改稅則之旨。翌月駐華英公使乃提議可開關稅會議以改訂現行稅則，惟須裁撤釐金以爲報償，裁釐後稅率可增上至一二·五。時美國對於英國提議尙表示贊同；獨日本以新稅則改訂後，關稅將一躍而增加二倍半，在對華貿易上未免影響過巨，因提議僅對於現行稅率再加二·五附稅，以救濟中國之財政。此時北京政府正苦財政窮乏，聞安格聯總稅司云二五附稅施行後穩可增收一千三百萬元，心爲大動；但各國駐京公使對於日本提案却尙未從同，因之此事遂無形擱置。

逮次年（民國十年）十月，美大總統召集太平洋會議於華盛頓，以討論遠東問題，中國關稅問題自爲會議中重要問題之一，結果於民國十一年（一九二二年）二月六日結成九國間關於中國關稅稅則之條約，其第一條即載明：『關於修改中國關稅，依據中國與各國所訂現行條約，使稅率適合於切實値百抽五。締約國各國代表於一九二二年二月四日在華盛頓定有決議，作爲本款附件。茲締約國承認該項決議，並擔任接受此項修改結果所定之稅率。該稅率宜從速實行；惟至早須在公布日起兩個月內。』其附件內並載明：『……修正之進行，應愈速愈妙，俾得自限制軍備及太平洋遠東問題會議採用本議決案之日起，四個月內修正完竣。……』因此上海修改稅則委員會遂於三月三十一日在上海召集各國代表開會，於九月底閉會。當將上次稅則從新修訂完竣，計分十五類，五百八十二目，於十月一日公布。初本定公布後二個月（即民十一年十二月一日）施行，嗣又延至民國十二年一月十七日實行。斯即此次修改稅則之經過大概情形也。

此次會議與前回有不同處，即修改稅則，進行特爲迅速；惟會議時，亦曾發生若干糾紛問題，茲特分述如下。

按上次會議最糾紛之問題爲標準年度與基礎價格二事；此次會議，亦因此二問題引起紛爭。我國政府主張以民國十年十月至十一年三月六個月間之上海平均躉售物價爲定價之標準，日本則欲照前例，以民國六年至九年之四年間中國海關統計報告所載之平均價格爲標準，彼以爲照此算出稅率，則較具恆久性，且可適用於今後之數年間。實則我國提議最爲切近實際，且可避免調查平均物價之煩，故他國委員贊成者甚多；但日本必欲堅持，且以爲照中國案征稅，則棉紗一項將較現行稅率增高八成八，棉布將增高七成七；若照日案，前者僅只增高八成三，後者不過增高五成已耳。各貨類推，彼遂以爲所損殊屬不貲，當卽藉此理由作梗。不過歐美各國多不直其所議，後卒由我國與日本雙方讓步，規定修改稅率之基礎價格，可以民十十月以降之六個月內上海平均躉賣價格爲準，惟課稅時須按照現行稅率，扣除七釐。又輸至東三省之日貨更宜參酌大連市價爲準。此難關遂過過。

又此次會議尚有一事頗足特書者，卽重要貨物如棉紗等標準價格之算出規定採用

「指數法」蓋修改稅則原以貨價爲標準但貨價偶值漲落過甚，則不能不賴指數以爲救濟。此次會議會議決『所有重要貨物之稅，悉照市價訂立，並以指數核正之。』因之指數一項遂與市價並重。財政部駐滬調查貨價處編查貨價，原以躉售市價爲主，故所製指數時注重於上海躉售物價指數，近更按照現行進口稅則類目，增編上海輸入物價指數，此於修改稅則頗足資爲參考也。

最後關於將來稅則修改年份問題，大會中雖未提及，然根據華會條約則言之甚明。華會「九國間關於中國關稅稅則之條約」第四條內載：

『中國進口貨海關稅表，按照第一條立修改完全竣，四年後應再行修正，俾能確保按值稅率與第二條中特別會議所定者相符。再行修改之後，爲同一目的起見，應將中國進口海關稅表，每七年修改一次，以替代中國現行條約每十年修改之規定。』

據此關於稅則修改之年度問題，前之定爲十年者，因民七之力爭而另行規定；至此又復協定爲七年；惟下次之稅則修改，照約應在民國十五年一月舉行也。

第六節　民國十五年稅則修改之波折

按照華會中國關稅條約第四條之規定，於是年修改稅則後，逾四年應再修改一次，因之中國政府於民國十五年春間卽擬着手修改。時特別關稅會議正於北京開會，我國代表亦有提案要求各國予我以自由修改之機會，故稅務處當卽致函農商財政兩部，要求派員來滬組織編訂貨價委員會。並謂稅務司賴蓀洛前兩次修改進口稅則時均充副主任，此中情形極爲熟悉，擬倂請派令辦理，俾資臂助云云。蓋此時修改稅則較前數屆頗多便利；關於貨價之應用標準，在財政部已在上海設有貨價調查處，歷年調查所得，均有册報；而海關對於貨價亦隨時有所記載，此皆可供編訂貨價委員會參酌採用者也。

惟北京政局此際發生變化；段祺瑞因兵臨近郊，正擬出走，對於修改稅則事宜無暇顧及。外財農三部及稅務處初定五月三日在稅務處開聯席會議，討論先組織編訂進出口貨價委員會，俾規定貨物價目，提交關稅會議。無如未及實行而關會已無形停頓。五月底時局稍定，關稅估價委員會擬於八月間在滬集會。一般人頗多抱樂觀，以爲現在物價已比十年前增十分之四，來年稅收於物價上亦當增小半也。

八月三十一日編訂貨價委員會遂於上海開幕，陳鑾主席，首議年度標準，多數主張以民十四全年貨價平均總數爲標準較爲公允，且以與上年所公布之國定稅率條例內所謂以最近一年內之貨價爲標準者亦相符合。次討論會內組織；又次議將貨物品目分類辦法先行擬定，卽行開始編訂；蓋此次所訂稅則，卽爲自主前實施過渡時代之附加稅及將來國定稅則之底本者也。

又此次會議我國曾請各國派員非正式參加，惟日本獨持異議，彼竟欲於下列之條件下始能非正式參加該委員會，商議稅率改訂：（一）稅率改訂，應照向例以關係國間之國際協定定之；此次非正式協議後製作改訂稅率表，作爲關係國協定之準備；（二）此次稅率表案將來由關係國會議確認，並經關係國政府承認後施行；（三）改訂稅率之施行應於公布後經過一定之豫告期間。

我國當答以此次編訂貨價，原照華會條約之規定。又當去年十二月十日關稅特別會議開會時，中國曾根據上項條約第四條釐訂章程，免除延擱之意旨，提出修改稅則議案，以爲關稅自主前過渡時期內每屆修改進口稅則之依據。此項議案雖未完全決定；而爲折衷辦理，力求副華會條約之精神，免除修改稅則種種延擱之用意起見，對於本屆修改稅則一事，決定依此辦理。業經照會關係各國公使並請派員接洽在案，而各國公使復文亦均表贊同，聲明新修稅則俟經中國政府核准卽可實施，並各派定駐滬商務參贊或領事爲委員。是以此次編訂貨價之結果，不待再行會議卽有新修稅則之產生云云。」由此以觀，亦可見此次編訂貨價與稅則修改關係密切之一斑矣。

惟日本對於我國此項答覆，仍不滿意，且更提議此次修改稅則（稅率表）應由特別關稅會議核准；並聲稱若中國容納此項條件始可參預此次修改稅則事宜。我國方面則以歷屆成例，新修稅則皆祇須經各該國政府核准卽可施行，此次日本獨提異議，初擬不理；嗣北京外部以欲重開關稅會議，乃飾詞謂對於此次物價編訂委員會所定新稅率更待關稅審定會議議決而後施行之手續並無異議，應請再開關會。後幾經交涉，關會仍未續開成功，而日本亦未允即行加入物價編訂會議。直至十六年一月十七日，日政府始任上海矢田總領事橫竹商務官等爲委員，非公式參加物價編訂委員會。

日本委員參加會議以後初頗希冀會務能順利進行，不意首議貨價標準年度，日本即表示異議，謂須得其政府之訓令以便遵行，因此二月底間尚未能正式開幕。物品估價委員會長陳鑾乃於三月二十一致電北京，呈述上海現狀，謂應否通知滬領事團暫時中止會務展期開會，時北京正以二·五附稅交涉尚未解決，對於玆事亦無如何辦法。四月七日北京政府遂以上海貨價委會事實上不能行使職權，電召陳委員等回京，並令將該會移京繼續進行。會國民革命軍北伐戰事正殷，一般人均無暇及此，於是修改稅則事宜乃成爲泡影矣！

第七節　陸路通商稅則之修改

我國歷來修改稅則多爲對於海關貿易之進口貨，至陸路通商稅則之改訂則殊不措意。而實際上陸路貿易稅則，因歷有免稅減稅之規定，其有需於修改，（廣義的稅則修改）直恐較海關稅則為尤甚也。考同治元年時，我國對於俄國，曾修增稅則一次；蓋由中俄陸路通商條約之結果，以為前咸豐八年所訂之稅則，對於該國陸路之貨尚有遺漏，故追加之。但此種稅則修改，對於我國殆毫無利益之可言。後來中俄議訂北滿稅關試辦章程，第四項聲明：「所議條款，係屬大概，作為北滿洲稅關試辦章程，如有應行增改，及於中國稅項不便，應行變通更改之處，俟一年後再行相商釐定。」等語，是明許我國對於此項陸路通商程亦有修訂之權也。（本來陸路通商稅則均係暫時性質，俟貿易發達後，可以隨時修改。）

顧條約上之性質雖如此，而實際上俄國却最欲維持其陸路免稅之特權。是以民國元年八月已屆十年修改之期，次年年底關係各國均已應允修改，而俄國獨持水路稅則不能適用於陸路之說，為條件附之贊同，因此磋議數年，迄無結果；直至我國對德宣戰，各協約國允認我國修改稅則，俄國乃不能不取同一之態度，但仍欲以交換利益為條件，而於前議亦仍堅持也。其堅持之理由：即以中俄所訂商約內並無修改稅則之期限；雖中國與英美各國商約訂有「稅則十年期滿酌量修改」各語，但彼謂與俄國無涉。且俄國尙以修改稅則不免有侵犯俄商在華利益之虞，是以不允修改。我國自民元八月起至民六十月止，曾與之駁論數次，俄國猶不肯讓步。考當時我所執之理由，係以稅率「切實值百抽五」乃根據於辛丑和約，該約第六款載明：「進口貨稅增至切實值百抽五之數所增之數卽爲賠款之擔保。」俄國既爲辛丑和約國家，且於賠款總額四百五十兆兩中獨佔百分之二十八，當然須允我國修改。無如此種理由，俄國全然不顧，仍欲以北滿各關按照舊則與我爲梗。最後英日兩公使乃對俄使面加詰難，俄使始露「中國可先議改訂稅則後議陸路關稅」之微意。値我國此時，又欲先向英法兩國相商，從南方陸路各關着手，如南方陸路各關減稅辦法能按照新稅則實行値百抽五之數核減，則與俄交涉當易於轉圜。於是對俄商訂陸路稅則問題乃又暫擱。

逮民國六年冬月，各國允許我政府之希望，派員到滬組織修改稅則委員會，俄雖未撤除其交換利益之要求，然亦未拒絕派員參加，故到滬以後，仍與各國代表取同一之態度。至民國七年夏上海委員會已將年度標準貨價問題解決，總稅務司乃告中國政府，謂陸路通商適用稅則問題若不提前解決，恐上海所議均成畫餅；故委員會主任乃分探各關係國公使之意旨，英法日本俱表贊助，惟俄國公使以目下俄國內政尚未定局難於答覆，然亦未阻礙中國之進行。故最後由稅務處咨文外交部，由外交部分別先後緩急以與日英法俄交涉焉。

民十華盛頓會議時，我國代表乃又提出「陸路貿易之減收關稅制應即廢除」之議，結果由華會關稅稅則條約第六條規定：『中國海陸各邊界劃一征收關稅之原則，即予以承認。第二條所載之特別會議應商定辦法，俾該原則得以實行。凡遇因交換某種局部經濟利益，曾許以關稅上之特權，而此種特權應行取銷者，特別會議得秉公調劑之。』是將修改陸路通商稅則之權一諉之於將來之特別關稅會議。

民國十四年我國召集特別關稅會議於北京，亦曾討論至此項問題。美代表提議於裁釐加稅以前，中國除海關貿易徵收附加稅外，陸地邊境亦徵收同樣之附加稅。英代表亦提議附加稅應於各邊境一律十足徵收；又謂「一九二二年華會簽字之中國關稅條約第六條應即履行之海陸各邊界劃一徵收關稅之原則應即實施之。」惟特別關稅會議未有結果，故此事亦成泡影。

第六章　裁釐加稅與關稅自主運動

「關稅自主」本爲獨立國家應有之主權，蓋使關稅不能自主，卽無從言關稅政策，卽無從言保護工業，增加稅收，促進貿易，此在第一章已詳言之。是以片面協定稅則之打破，與關稅自主權之恢復；實爲近年中國國民所最爲注意之問題。顧理論上雖如此，而事實上則列強方以中國爲其經濟侵掠之良好市場，雅不欲以攫得之實利，易國際正誼之虛名，是以中國雖屢向列強表示改正條約，還我稅權，而列強推諉如故：或以裁釐爲條件，或以加稅爲止境；至實際上之關稅自主權，則仍靳而不予。例如民國八年之巴黎和會，我國代表曾提議「回復關稅自由」而迄無效果，民十華盛頓會議我國代表又提出「關稅自主」之議案，結果列強亦僅應允加稅至七·五；並另開關稅特別會議以考議（一）裁釐過度辦法及（二）對於應納關稅之進口貨得徵收附加稅二·五二事，而於我國要求之自主權，則仍不之顧。迄至民國十四年關稅特別會議開幕，我國又以「關稅自主」爲言，且申明過渡辦法：於現行值百抽五進口稅外，普通品則加徵值百抽五之臨時附加稅，奢侈品則加徵值百抽二十至三十之臨時附加稅。斯亦可謂顧全事實者矣！顧列強仍以華會條約為根據，只允加增二·五附稅；此項附稅之增加，卻為達到「裁釐加稅」至一二·五之過渡辦法，而非即我國所擬關稅完全自主前之過渡辦法；是則稅收雖有增加，而協定稅則之束縛仍如故。循此以觀，亦可見我國關稅自主運動與裁釐加稅問題關係密切之一斑矣。茲請先就此等事實之經過略述之。

第一節　馬凱條約與裁釐加稅問題

釐金制度之為害，前數章已略述之。裁釐之議初見於光緒二十八年中英所訂之馬凱條約，（即中英續訂通商行船條約，）規定裁釐之後進口稅提高至一二·五，惟以能得其他關係國之同意為條件。該約全文凡十六款，其關於裁釐加稅事宜者則在第八款，如下：

『中國認悉，在出產處於轉運時及在運到處，紛紛征抽貨釐以及別項貨捐，難免阻礙貨物，不能流通，勢必傷害貿易之利。是以允願除第八節所載之銷場稅外，盡裁此項籌餉之法。英國允許英商運進之洋貨及運出之土貨除照當時稅則應納正稅外，加完一稅以爲補償。

中英兩國彼此訂明：所有釐卡及征收行貨他捐，各關卡局所裁撤後，不得改名或藉詞將此項關卡復行設立。進口洋貨所加抽之稅，不得過於中國與各國光緒二十七年七月二十五日（即一九〇一年九月七號）簽約之和議條約所定之進口正稅一倍半之數。此項進口正稅及添加之稅，一經完清，其洋貨無論在華人或洋商之手，亦無論原件或分裝，均得免重征各項稅捐，以及查驗或留難情事。……

其後美日葡三國亦有同樣之表示，此爲裁釐問題在條約上最早之根據。惟迄今二十餘年，而釐金制度猶未廢除，此固由於各國互相牽制之故，然於抵補稅項之尚無着落，以及一部份之外交官軍閥，與因緣釐金爲生之徵稅官吏從而阻撓之，要亦一大原因也。就中以軍閥之不願裁釐，尤爲釐金難以裁撤之主因；蓋近十餘年來，內戰不已，各省軍閥殆莫不視釐金爲收入之大宗，而以之充養兵之費用；倘一旦將釐金裁去，則彼等必將失去其擴充勢力之源泉，故常設法反對；雖各國商約有「以增加之關稅抵補釐金」之規定，但因中國關稅，照約係由海關外人代爲徵收，是則軍閥將不能如釐金之予取予求，此其所以暗中常爲阻撓也。

至於抵補稅項問題，按照馬凱條約本已擬辦出廠，銷場等稅以彌補裁釐之損失，並擬以常關爲征收機關。其後日美各約亦均有此項之規定（一九〇三年中美條約第四款及附件照會，又同年中日條約第一款）惟裁撤釐金既未實行，而加稅一層各國又故意延宕，是以抵補稅項問題亦徒滋紛議，而卒無切實辦法。歐戰以後，情勢變易，我國乃不僅以裁釐加稅爲滿足，國內人士且羣注意於「關稅自主」之恢復矣。

第二節　巴黎和會與中國關稅自主運動

民國八年秋季巴黎和會開幕，我國代表遂於會中提出所謂希望條件，內中卽正式載有「關稅自主」一款。在此提案中，中國代表乃縷列現行中國關稅制度之弊害，要求和會承認中國修改現行關稅條約之權利，並要求列強於原則上承認現行關稅在兩年後代以適用於無約國貿易之一般稅率；但在此時期中，中國亦願與締約國對於彼等特別有關係之貨物，係照左列條件，磋商訂立新協定之稅率：

一、凡有優惠的待遇，必爲相互的。

二、設爲差別，使奢侈品較必要品多課稅，而原料品較必要品少課稅。

三、對於必要品之新協定稅率，不得低於百分之一二·五，以抵償裁釐後財政上之損失。

四、在新約指定之期限屆滿後，中國不僅得改正估價標準，並且有改變稅率本身之自由。

爲得補償此等讓步，中國願裁撤釐金，永廢除商務之障礙。

同時中國並聲明無意採行保護關稅政策，亦不願課稅過重；中國不過要求改正現行關稅，因現行關稅乃一種不公允的非科學的制度，而不足以適應中國經濟的需要。

質言之，民國八年中國在巴黎和會之要求，乃以兩年後適用國定稅率爲原則；但同時亦允於一定之條件下，與關係國磋商協定稅率，而自行聲明裁撤釐金，且不採行保護關稅政策。由此可知中國一面要求自主權，同時亦極表示讓步之精神。無如巴黎和會對於中國此項希望條件，以不在和會權限之內，不肯付議，一概諉之將來國際聯盟，因之關稅自主要求遂致毫無結果；但中國人民要求修改條約與關稅自主之志願，却已藉此大白於天下矣。

第三節　華盛頓會議與中國關稅自主運動

中國之關稅自主運動，於巴黎和會既毫未收效果；逮民國十年華盛頓會議開幕，我國乃又提出關稅自主案。此次提議始成爲會中之一重要議題，而得各國代表之詳細討論，結果遂有華盛頓九國關稅條約之允中國徵收附加稅。茲將會議之經過情形略述之。

華盛頓會議之討論中國關稅問題，始於遠東委員會之第五次會議。（十一月二十三）初由我國顧代表發表「對於中國關稅問題之宣言。」該宣言中，略述自一八四二年後中國與各國訂立條約喪失關稅自主權之經過；又略陳歷次修改稅則之困難，及現行協定稅制之不公平；最後乃請求各國表示同意，使中國恢復關稅之自由，即自定稅率權及實行分級制之稅權。末並提出所擬暫行辦法：即請各國預定實行日期，在實行日期前，先定一期限增高稅率，使中國得以自由分別奢侈品或需要品，自定分級制稅率，以終不得超過最高稅率為限；惟商議最高稅率亦須經月，而中國之經濟狀況至須補救，應請自一九二二年一月一日起，中國進口稅即加至值百抽一二·五，此即與英美日各國條約所訂立之稅率。

我國代表宣讀此項意見書後，當請中國關稅分股委員會研究辦法。美委員恩德華（O. W. Underwood）首先起立，謂我國所擬辦法，可作討論之根據；如各委員均同意，彼擬即首先討論將現行之值百抽五進口稅加至切實值百抽一二·五；惟此外尚有二問題：即釐金問題及適用於各國之劃一稅率，亦須討論。日代表幣原乃起而質問，謂恩君之意，是否因中政府財政困難而增加進口稅至值百抽一二·五？若果如此，彼意尚有他法可得同一結果。其意蓋以為不必增加進口稅率。英代表巴敦則以一九〇二年中英條約所載，加稅與裁釐有密切之關係，乃問中國對於裁釐一層究有何種辦法。顧代表當答以裁釐日期原定一九二四年一月一日實行，至進口稅率，原擬於一九二二年一月一日起實行，加至值百抽一二·五。日代表以欲分股委員會訂立稅則實爲萬難之事；彼云於增加關稅之原則毫不反對，但對於決定增加之成數，則分股會殊甚爲難。彼意若能根據現行稅則抽一相當之附加稅，日本可表示同意。法代表以日代表此議覺繁瑣難行，惟甚贊成英代表主張，即中國如能在數月內裁釐，分股會或可暫時承認加稅。討論至此美代表乃援引條約之規定，提議增加值百抽七·五之稅率，我國代表謂應注重「切實」二字，英代表亦表示同意，惟謂：須裁釐問題及所加之稅實爲各項建設用途解決後，始實行加稅。其後各國代表續有討論，惟均無何等決議，而即散會。

在上述分委員第一次會議中，我國代表曾提出具體建議案，其要點共有五項：

一、現行百分之五進口稅率今後應增至百分之一二·五；

二、中國允於一九二四年一月一日裁撤釐金，而列強允於同日實行一九零二——三年中英，中美，中日各約中規定的進口稅附加稅之征收；列強且允對於侈奢品，於現實百分之一二・五稅率之上再加附稅，而於同日實行征收；

三、從本協定成立之日起，五年之內當磋商協定一新關稅制度，定一最高限度之稅率，以進口價值百抽二十五爲標準；在此最高限度之稅率內，中國得自由制定配置進口稅則表；此新制度俟下條所指之期限滿了後卽告終結；

四、本協定成立後，十年期滿，中國和列國所有一切關於征課關稅子口稅及其他項稅捐之條約規定，概行作廢；

五、中國自願聲明，無意更動現行關稅行政制度，亦不妨害將關稅收入供所擔保的外債償還之用；

上項議案在分委員第一次會議既未有如何結果，次日乃又繼續舉行第二次會議。英代表巴敦建議現行稅率應立卽增至「切實」値百抽五；並於初次修改手續告竣時，再增加値百抽二・五，合計値百抽七・五。此際日代表乃忽提出一說帖，其大旨謂：日本在華商務，估中國國外商務十分之三，一旦關稅增加，受損失最多者卽爲日本；是以彼意反對驟將稅率增至値百抽一二・五；卽遽增至値百抽七・五，亦恐難以實行。惟贊成條約所許之增加，將現行稅率加至値百抽五。不過因修改手續需時，爲便利計，日本願提議暫時於沿海進出口稅上加抽附稅三成（卽百分之三十）約可增收關稅至二千萬元。日代表此議，我國顧代表表示反對。謂如日委員之議，雖可濟一時之急，然統計稅率僅增至値百抽四・七，仍不敷現時中國之需要。就此等地方以觀，是則當時我國代表雖以「關稅自主」爲號召，實則眞意所在，仍在濟目前之急需，而着重於「加稅」問題也。其後幾經討論，各國代表大都不以日代表之建議爲然，而贊成我國修改之議，卽「於進口稅切實增加至値百抽七・五以前，應抽一附加稅，使附稅收入與切實値百抽七・五之進口稅收入相等。惟以日代表未有決議，乃定於下次開會再議。

十二月二十七日，中國關稅分股委員遂又開第三次會議。英代表巴敦謂：現爲調和中日代表意見起見，得委員會會長之同意，今擬一中國關稅合同草案，計共十項，其中要點：

（一）由與會各國立即組織特別會議，籌議從速裁釐，及履行一九〇二年中英商約第八條所載之其他各條件，則各國自當遵守條約將進口稅增加至値百抽一二·五。（二）現行進口稅則立即修訂至切實値百抽五；修訂後之稅則公布後兩個月不俟批准卽生效力。（三）第（一）項所指各條件未經實施以前，委託特別會議規定臨時辦法，凡進口貨加徵一値百抽二·五之附加稅。（四）此次修正稅則後，逾四年再修訂一次，以後每七年修一次。（五）現行海關行政制度不加變動。……此草案提出後，比代表以未曾先期通知各代表，主張延至次日討論。

次日（二十八日）分委會遂繼續前議，開第四次會議以討論英代表所擬草案，我國顧公使首先表示贊同，極盼以該草案爲討論之根據。分委會恩主席乃將草案大綱逐條付討論。討論結果，「遠東委員會」遂於民國十一年（一九二二）二月六日訂立「九國間關於中國關稅稅則之條約」。該約亦分十條，各條要旨如下：（按九國爲中美比英法意日荷葡）

一、修正稅率使適合於切實值百抽五。
二、開「特別會議」會商履行加稅裁釐條約。
三、在加稅裁釐未實行以前，定一過渡辦法：進口貨普通品值百抽七·五，奢侈品值百抽十。
四、海關稅則每七年修改一次，
五、各國平等待遇。
六、將由「特別會議」商定海陸各邊界課以劃一稅率。
七、在第二條辦法未實行前，子口稅仍課百分抽二·五之稅率。
八、未參與本約各國亦得加入。
九、以前中外各約條款與本約各規定有抵觸者，除最惠國條款外，咸以本約爲準。
十、本約經各締約國批准後均交存於華盛頓，俟全部交到之日起發生效力。
上項條約對於中國關稅之改正，綜而言之，有三要點：（一）現行中國稅則必須卽時改正至切實值百抽五；（二）一九〇二——三年中英、中美、中日各約所規定之裁釐加稅辦法，當由特別關稅會議議定實行；（三）在裁釐加稅未實行以前，爲暫時增加中國收入計，將由特別關稅會議議決加二·五附稅於進口貨中之普通品，五分附稅於奢侈品。是此次會議全然爲討論「裁釐加稅」之問題，而於我國「關稅自主」全然未曾承認。其中所堪認爲差強人意者：即會議中美國代表恩特華始終承認中國有宣告廢棄關稅條約收回自主權之權利耳。但此於大局全然無裨。結果我國政府爲尊重華會條約起見，當即於上海開修改稅則會議，（已見前章）此約之第一要點可云業已實行。惟我國一般國民心理，方以爲藉此次會議以謀達到關稅自主，而結果僅如上述微論修正貨價辦法，視爲不足道；即裁釐以後所定之增加稅率與裁釐前之過渡稅率，亦均覺其太不澈底；但事已至此，無可如何，於是華盛頓會議之中國關稅自主運動又繼巴黎和會而宣告失敗矣。

第四節　特別關稅會議與中國關稅自主運動

（甲）　特別關稅會議之由來與開會前形勢

我國於巴黎和會華府會議，兩次要求關稅自主旣均未達到目的，一時國中輿論頗多主張逕行宣布關稅自主者；而政府方面意在增加稅入，頗欲遷就事實，以得實行附加稅，暫時卽爲滿足，於是又有特別關稅會議之召集。特別關稅會議依華盛頓「中國關稅條約」之規定，原應於該條約實施後三個月內開會；但因法國爲金佛郎案不肯批准此約，關稅會議遂久久不能召集。及至民國十四年（一九二五）中法金佛郎案解決，法國批准關稅條約，該約得全體締約國批准生効，中國政府乃於是年十月間召集各國代表在北京開特別關稅會議。

特別關稅照華盛頓條約所預定之職務，約可分爲四項：（一）討議裁釐加稅辦法；（二）議定過渡時期中二•五附加稅；（三）議定稅則定期修正之規則；（四）規定在一九二二年二月四日之決議，所以執行二月六日九國簽字所謂「中國門戶開放條約」者，易詞以言，卽擬設立一關於遠東問題之「審議局，」而其詳細組織案，亦由此特別會議議定之。

由上述特別關稅會議所預定之職務以觀，顯然不能對於中國關稅自主有如何之幫助，是以一般國民對於此種不澈底之特別關稅會議，頗多反對；蓋自華會閉幕以後，內外情勢大變，在中國方面要求廢除不平等條約之聲浪日高，尤其於「五卅慘案」發生後，幾於全國一致要求廢除不平等條約，是以此際對於根據華會條約束縛所召集之關稅會議，自然非常反對。但政府方面，此際在北京執政者爲段祺瑞，却頗欲藉此以增加國庫收入，遂毅然召集此會議。不過爲敷衍一般人之耳目起見，於關會開幕之前，曾令財政委員會梁士詒擬定「關稅自主辦法大綱」九條，由政府批准頒行。其中要旨，有下列所述數點：

一、中國基於國家課稅主權完全之原則，應實行關稅自主；現行國際條約有侵害中國課稅權者，應卽改正。

二、現行條約有涉及內國稅者，如出產、銷場、出廠等稅各條文應卽廢除；嗣後內國稅由中政府自定。

三、中國自行裁撤釐金、常關稅、及一切含有國內通過稅性質之稅。以後內國稅華洋人民一律納稅。

四、中國自定出口稅稅則。

五、進口稅畫定等級照國定稅率徵收;但對於某種貨物之課稅與本國有互惠協定條件者,從其協定。

六、凡與中國特別法令有關之進口貨如煙酒,及國家專賣品之類,應照該特別法令之規定辦理。

七、進出口稅率表由中國調查貨價自行訂定,並得隨時改正。

八、改正現行海關制度。

翌日政府復根據臨時參議院之議決,公布「關稅定率條例」及「菸酒進口稅條例」。在「關稅定率條例」中,規定進口稅率最高為值百抽四十,最低為值百抽七·五;從量稅品價格之訂定換算或改正,以最近一年內平均市價為準;從價稅品之價格依進口時當地之躉批市價定之;有互惠協定之貨品稅率從協定;本國貨在外國受不利益待遇時,得於稅率表所列應收稅額外，加徵該外國進口貨；外國貨在外國受輸出獎勵金之待遇時，加徵與其獎勵金同額之進口稅；外國貨故意貶價求售時，加徵其與正當價格相當之稅金。末並申明本條例施行之日民國六年公布之國定稅率條例卽作廢。又在「菸酒進口稅條例」中，規定菸酒進口稅率爲値百抽五十。此兩種條例公布後之二日，特別關稅會議遂告開幕。

（乙） 中國之關稅自主提案

特別關稅會議於十月二十六日開幕後，首由段執政致祝詞，承認此次會議爲實現華會九國條約聲明之機會，故擬乘此時機，重申關稅自主之希望。並謂國定稅率若實施後，中國經濟行將復蘇，富力增進，實業發展，於外人亦大有利益，故現以平等互惠之精神屬望於此會。段氏致詞旣竣，當由荷使推外長沈瑞麟爲主席，衆贊成。沈氏乃就主席位而演說，表示修改條約意見，隨卽請王正廷宣讀「中國關稅自主」之提案。

王氏於提案中，首述在巴黎華會兩次會議，中國代表所提出之關稅自主案及過渡辦法，未得充分容納，頗引爲憾。茲特根據九國協約第一條第一項列強聲明「尊重中國之主權與獨立暨領土與行政之完整」之誠意，於此次特別關稅會議中提出關於稅則現行條約上之各種障礙，推行中國國定關稅定率條例實行關稅自主之辦法如下：

一、與議各國向中國正式聲明尊重關稅自主並承認解除現行條約中關於關稅之一切束縛。

二、中國政府允裁釐與國定關稅條例同時實行，但至近不過民國十八年一月一日。

三、在未實行國定稅率前，中國海關稅則照現行之值百抽五外，普通品加徵值百抽五之臨時附加稅，甲種奢侈品（菸酒）加徵值百抽三十，乙種奢侈品加徵值百抽二十之附加稅。

四、前項臨時附加稅自條約簽字日起三個月後徵收。

五、關於前四項問題，應於條約簽字日起發生效力。

我國關稅自主案提出後，各國代表均表示僅能在華會議決案範圍內可以相互協商一切。次日開會務委員會，當分別組織三委員會：一爲專門討論關稅自主及裁釐問題者；一爲討論過渡辦法如附加稅及整理債務等問題者；一爲討論與關稅會議有關係之問題，例如出產地證明，關款存放海關制度等。三委員主席皆華人。

（丙）日美兩國阻撓自主之提案

第一委員會當於十月三十日開第一次會，王正廷主席首將前所提出之關稅自主案加以說明，而卽以第一、第二兩項付討論。各國代表對於中國關稅自主原則，大體承認；惟於實行問題，互有異辭；至十一月三日日美兩國遂各提出具體議案，此兩案自表面觀之，要均承認我國有完全關稅自主權之原則，而暗中用意，却不啻欲將自主永遠延期施行。茲先將日本提案要旨列下：

（一）除中國外之各締約國，茲承認中國具有自主國固有之權利，應享完全關稅自主之原則。

（二）中國應按照下列辦法恢復施行其關稅自主。

（三）中國應立卽制定一國定稅率例，並附以稅則表，須於三年之內，及於中國所宜告廢除釐金時公布實行。

（四）在上條所稱之過渡期內，中國得按華會條約第三條所規定，徵收進口貨物附加稅。

（五）同時期內中國應與其他締約國議訂新約，規定互惠的協定稅率；且此項條約應在一定期間內繼續有效。

（六）第三條所稱國定稅率條例，以關於各締約國而論，須與上條所稱新條約同時實行。

（七）應行議訂之新條約取銷現行關稅事宜條約。

就上述日本提案以觀，可見其所注重之點只有二項：一，中國於一定期間內裁釐後，始得實施國定關稅條例；二，在前項準備期間內，中國與關係國締結新約，即以之代易現行關稅條約者，須與國定關稅條例之實施爲同時。此實故意與我爲難：蓋倘使日本承認中國能實行國定稅率，則不當於準備期間先有所協定；今欲於協定稅則後再實行國定稅率，在理殊爲不當。且云國定稅率條例，須與新協約同時實行，然則互惠協定不能成立，豈非國定稅率即永遠不能實行？以今日中日工商業之情形，若欲訂立雙方願意的互惠協定，事實上頗爲困難，是則日本此種提案，不啻將中國實行自主期限無形延遲。若其他各國亦均以「新協約未成立，國定稅率即不能實行」相要挾，是誠如賈士毅氏所云，無異於片面的協定片面的最惠條款之重加實行也，更何承認關稅自主之足云？

再就美國提案以觀，美案條件雖較日案爲多，惟較爲率直；然其對於我國關稅之自主亦甚留難，試就其中裁釐條件一觀，亦頗咄咄逼人也。茲將美案要旨述之如下：

一、各國允中國於一九二六年二月一日起，開徵普通品二·五附加稅，並立即籌備奢侈品表，對於此種奢侈品至遲不得過一九二六年七月一日實行徵收值百抽五附加稅。此種附加稅收須由海關遵照本會議所定用途支用。

二、規定在中國陸地邊境，亦徵收此種附加稅。

三、締結新約應載下列條款：

（1）自此約實施三個月後，中國得實行一種關稅劃一新稅則表，卽進口稅率自值百抽五（現行稅率）至值百抽一二·五，出口稅率自值百抽五至值百抽七·五，作爲過渡辦法，至實施關稅自主時爲止。

（2）自同日起邊境征收之稅率應與沿海邊境征收之稅率劃一辦理。

（3）由實行此約所增收之關稅，應交關稅行政機關彙存，按下列規定辦法支配用途。

（4）凡釐金及將來雙方協定類似之內地稅應行廢止。

（5）爲裁釐起見應由關稅收入項下，提款分撥各省以抵補釐金之損失。

（6）如有違背實行裁釐之條約而再征收釐金時，則完釐人有向海關要求如數償還之權。

（7）海關附加稅收應充下列各項用途：（甲）抵補各省釐金之收入，（乙）補償所納不法釐稅，（丙）償還無抵押之債款，（丁）撥充中央行政費。

（8）如果能實行上列之第四、五、六、七等條款，中國關稅上現行條約之限制即可取消。國立稅率應如中國代表團所提議，於一九二九年一月一日發生效力。

（9）中國於新條約簽字後，應即提出可以實行本約之方案。

（10）如果締約國在一九二八年一月一日以前，有大多數提議，可召集締約國代表會議審查釐金是否業已裁撤及協議其他必要事項。

就上述美案以觀，其最足以侵犯我國國權者，即原案第三條第四項，對於大部分內地稅，似亦目為釐金，而謂應在廢除之列，殊不知我所擬裁者為釐金，而非內地稅，美國此案實不脫干涉中國內政之嫌。若美國定欲堅持此點，是亦無異藉此以延遲我國實行關稅自主之期限，其無誠意殆與日本同也。又原案第三條第五、七項所定增收關稅支配用途，此事本應由我國自行作主，美案今茲規定，亦不免干涉我國內政範圍。此外第十項所謂召集締約國代表會議審查釐金是否業已裁撤等語，是又成為一種新束縛，足令外人遇事要挾，而無形展延我國關稅自主之實行者也。

總之，日美兩案對於中國關稅自主，均無誠意可言。雖對於自主原則上加以承認，但實際上則皆希望過渡期之無形延長，此觀於日案之守定華會條約，僅允徵收二·五附稅，美案之裁釐附以極苛刻之條件，卽可知其用意所在矣。我國代表睹此情形，乃急發表裁釐宣言一篇，聲明裁釐將於民國十八年（一九二九）一月一日以前完全實行。蓋意在表明裁釐屬於內政，而關稅爲國際問題，兩不相涉，不欲併爲一談也。但列國代表對於此空洞之宣言殊爲漠視，尤其美國，幾欲將第一第二兩會混而爲一，換言之，卽欲將種種條件間接的加於關稅自主之標題上，使關稅自主無形葬送也。

其後第二委員會於十一月六日起開會，我國以王正廷代顏惠慶而爲主席，當於第一次會議中提出增加附加稅之議案及附屬文件，其大要係說明中國財政困難之情形，及華會當時局勢與現在已不同，故不能不於二·五附加稅以上再加二·五之理由。其要旨如下：

（一）中國政府對於應納關稅之進口貨徵收臨時附加稅稅率之提案——擬對於

普通進口貨徵收值百抽五附加稅，對於甲種奢侈品（卽煙、酒、）徵收值百抽三十，乙種奢侈品徵收值百抽二十之附加稅。

（二）過渡時期普通品附加稅率加至值百抽五理由書、——首謂華會所許二·五附加稅之實行，已延緩至近四年之久，同時中國財政極爲困難，已遠甚於華府會議之時，非暫行加稅，俾裁釐易於進行，債務得就清理，建設可有的款，政費得以補助不可。

（三）甲種奢侈品稅理由書——謂煙酒二項各國類多懸爲厲禁，或課重稅，如日本煙稅之值百抽三百三十五，英煙葉稅之值百抽四百六十五，煙絲值百抽五百，白蘭地酒稅值百抽八百。而中國各省現在所收本國煙酒稅，亦有值百抽至八十以上者，而洋煙酒進口稅則爲值百抽五，再納二·五子口稅卽可運銷內地，通行無阻。此實太欠公允。故中國現擬參照各國通例，折衷規定，過渡時期煙酒附稅爲百分之三十。

（四）乙種奢侈品稅理由書——首謂中國受值百抽五稅率之束縛，感奢侈品與普通品不分之苦痛已久，至華會列強始允許奢侈品附加稅可得增加，惟曾規定不得超過值百抽五，此實不滿中國希望。現擬按各國先例，酌量增加，為百分之二十。

我國提出上述議案後，日代表即發表其主張，謂僅能承認二·五附加稅，二·五以上之附加稅則不承認。又附加稅之用途應為抵補裁釐，整理債務，並充行政經費。而整理債務之要點，須外債一並整理，發行聯合債劵以換回舊債。美代表亦提出修正美國提案之第三條第十項，謂「該項會議係為宣告釐金業已裁撤云云」。嗣意代表對於附加稅之支配用途，贊成如日本提案。其他各國代表皆未發言。

（丁）　英國提出折衷案與各國之承認自主原則

至十三日第二委會第二次會議，英國代表忽然提出所謂對中日美三案之折衷辦法，實則內容仍多寓袒護日本提案之精神，頗足令人注意。茲將該案要旨列下：

（一）各國承認自一九二六年起，對於一切進口貨課以二·五附加稅，隨即預備奢侈品目表，表中各貨所課附加稅增至值百抽五。所增稅款歸海關保管，此項附加稅應於各邊境一律十足徵收，華會簽字之中國關稅條約第六條應即履行之，海陸各邊界劃一徵收關稅之原則應卽實施之。參照上開各項，茲謹提議關於華會條約之公平調劑辦法在會外直接商妥，祇須本會加以認可，卽行解決。本會議應不必超越華會條約以上，僅以承認上開各項規定爲止。俟華會條約所擬各計劃於最短期內實施後，本會便可按下列主要原則議訂新約。

（二）各國聲明承認「中國有權享受關稅自主」之原則，中國亦應聲明裁撤釐金及其他內地稅之決意。上述新約所抱兩種目的，卽中國關稅自主權之恢復及釐金暨其他內地稅之裁撤，應照下列方法辦理。

（三）俟釐金及其他內地稅裁撤後，然後爲中國國立關稅定率實施之協定。

（四）新約實行三個月後，中國得制定一種劃一之新稅表而征收之普通進口貨其稅率自值百抽五高至值百抽□，煙酒等……值百抽□。對於出口貨高至值百抽□，作爲關稅自主權之過渡辦法。並以代替現行稅則及本提案第一節所開各附加稅。

（五）上述過渡期間，卽在釐金尚未全裁以前關稅業經增加以後，應商定辦法，使外洋進出口貨概不課內地稅，該辦法中應包括二項（一）如有違約徵收之內地稅，得向海關要求賠償；（二）爲抵補裁撤內地稅之損失，由關稅增收中攤分一部份於各省。

（六）本會應攷慮提案，預備於過渡期內中國與各國分別締結載入互惠的協定稅則之條約。

（七）本會應攷慮如何保證關稅自主後有違約徵收內地稅之情事。

（八）新約實行日起，關稅應存入海關，按照下列用途支配：

甲、抵補裁釐損失，及償還違約征收任何稅項。

乙、整理債務。

丙、中央政府之補助。

（九）關稅自主後除關稅及國產稅外不得抽收任何之貨物稅，此項原則一經商定，即規定國產稅徵收方法。

（十）至（十三）（比較不關重要，從略）

就上述英案內容一觀，其中如主張進口稅，於普通品加值百抽二·五附稅，奢侈品加值百抽五附稅，皆係迎合日人意旨。又如第七節保證不再抽內地稅，第八節支配用途，第九節限制貨物徵稅方法，亦均妨害我國行政權之完整，是以此案提出以後，國內輿論尤多反對；議論而一般智識階級，此際又正盛倡無條件收回關稅自主權之說，致關會形勢頓爲轉移。十四日第二委會開三次會議時，我國代表鑒於輿論之緊張，遂發表節略三項：（一）關稅自主應明白規定條約內；（二）裁釐係中國自動提議，非自主之交換條件；（三）自主問題解決後方能討論附加稅問題。席間各國質問甚烈，英代表麻克類尤持反對論調，並主張須訂明中國實行裁釐後再許自主。會場形勢頗爲緊張；最後由荷瑞代表調停，設小組委員會起草具體方案。該小組會當於十七日集議，由中國委員提議，「列強應宣告承認中國關稅自主並撤廢自主之制限，允中國於一九二九年一月一日起頒布國定稅率；同時中國亦宣告裁撤釐金」。後各國代表對於後項略有修改，方始通過。十一月十九日第二委會開第四次會議，王主席當將小組委會通過案提出報告，當由各國代表同意議決以下條文：

『本會議各國代表議決採用下列所擬關於關稅自主一條，以便連同以後協訂其他各項事件，加入本會議所簽訂之約：

各締約國（中國在外）茲承認中國享受關稅自主之權利，允許解除各該國與中國間現行各項條約中所包含之關稅束縛，並允許中國國定關稅率條例於一九二九年一月一日發生效力。』

同時中國代表並有左之宣言：

『中華民國政府聲明，裁撤釐金與中國國定關稅定率條例須同時施行；並聲明於民國十八年一月一日卽一九二九年一月一日須將裁釐切實辦竣。』

上項條文通過後，關稅會議之第一部份可云告一段落，中國之關稅自主運動至此亦可云有幾微成功之希望。按照關會程序卽應進而討論第二步過渡時之附加稅用途及附加稅稅率等問題。

（戊） 附加稅用途及附加稅率之討論

中國自關稅自主之原則通過後，對於附加稅用途及稅率等問題，就國民的見地以觀，要均視爲無足輕重；蓋中國一般人之所希望者乃在完全自主，以打破協定之束縛；至於附加稅率勿論其爲若干，固猶屬於協定限制也。不過北京政府方面，方以附稅爲大宗財源所在，故尙欲對此極力爭持焉。

十一月二十一日關會遂開用途第一專門委員會議裁釐之抵補，下午又開第二專門委員會商其他用途，惟均無結果。我國於此會中曾提出對於裁釐之具體計畫如下：（一）應裁釐金之標準，以民八民五豫算已有者，及以中央核准者爲限；此外各省隨意徵稅不予抵補。（二）應裁之釐金範圍，以含有通過性質者爲限，出產銷塲落地等稅不在內。（三）釐金之抵補範圍，亦當以應裁者爲度；抵補基金大部分出於關稅，小部份出於產、銷、營業等稅。其款項預定每年關稅內指撥三千萬元。（四）裁釐之順序，第一步自民十五年起分別釐金性質所得通過稅部份之確數，儘一年內辦竣；第二步自民十六年起免征通過稅部份；

抵補財源以關稅附加稅指撥三千萬元，同時並辦營業稅或所得稅或出產銷場稅以抵補其一部。第三步自民十八年起關稅自主已實行，應卽以關稅增加之收入抵補。

同時我國對於附加稅之用途，亦提出具體計劃如下：（一）爲裁釐之抵補；（二）爲國家建設費；（三）爲內外債清釐費；（四）爲中央行政補助費。預計以上四項用途每年需一萬萬元，按三、三、三、一之比率分配之。中所謂建設費又擬定爲數項：（1）鐵路交通建築費；（2）水利交通建設費；（3）改良及發展實業費；

各國對於我國上述提案，均以釐金抵補應以一年爲限；若年年抵補，則年年不裁釐，豈非年年不能自主；又謂裁釐標準若以未經中央核准者作無效，不予抵補，然事實上釐金之未經中央核准者佔半數以上，試問如何可以使之無效？又謂裁釐若以含有通過稅性質者爲限，產、銷、落地等稅不在內，亦殊乏裁釐誠意。故討論結果，竟有主張豫備一種保證金，以防止各省於裁釐後又再徵收類似釐金之通過稅者，致會議卒無結果。

二十三日又開附加稅率分委員會，我國代表首先提出臨時附加稅稅率案，主張普通品加值百抽五，甲種奢侈品加百抽三十，乙種奢侈品加值百抽二十。各國代表謂須先規定用途然後規定稅率多少。至應否超過二·五以上，亦須視用途是否確當。蓋其意在極力反對我國奢侈品之加稅也。三十日附稅分委會又開第二次會，蔡廷幹乃提出過渡時期擬行進口洋貨附加稅估計收入表數件，又就乙種奢侈品表更加以說明，但各國代表對於稅率仍爲混同之駁議，亦卒無結果而散會。

（巳）關稅會議之無形停頓

關會討論附稅用途及稅率久久未得解決，至此因時局之變化，忽陷於極不利之地位：蓋一方面在列強之意，以爲旣許中國以關稅自主之權，則附加稅問題自應根據華會條約辦理；而在我國此際正關稅自主聲浪高唱入雲之時，對於列強此等故意留難之處，自屬憤激萬分。十一月二十二日北京三十餘團體所發起之「關稅自主示威運動大會」，曾決議無條件收回關稅自主權，列國如不承認，卽解散關稅會議，自行宣布廢除一切關稅條約，實行關稅自主。致因此與警察大起衝突。而恰於此際，北京政局又發生極大之變化，中國委員常不到會，關會已呈無形停頓之勢。各國代表鑒此情形，乃更力持華會二・五附稅之議，而反對增至一二・五。蓋其意以爲關會即使破裂，其責任亦有攸歸矣。

關會形勢逆轉以後，京津戰事進行益烈，政局益呈不安，迄至民國十五年二月中旬，關會猶在無形停頓之中。惟私人間尚有非正式之接洽耳。段政府爲圖關會之成功，於此私人接洽中會極力向各國疏解，冀雙方接近妥洽，致日本委員佐分利有提出中日互惠條約以爲承認加增二・五以上附稅之說。二月十八日關會乃重開會議，繼續討論加稅問題，中國提案預計附稅應增收九千萬元，並於四月一日實施，各國則議交小組委員會討論，小委會於二十四日開會仍無如何決定。至附加稅率問題，十八日我國提議，主張分七級稅率；最高二成七分五釐，最低二分五釐，各國對於稅率大致尚無異議，惟級數主少；英提新案主三級，美案日案均主張五級，大抵五級等差稅率可望通過；惟此際外長王正廷忽辭職，照例關會主席係由外長兼，現王既辭外長，關會主席亦不願就，會務遂無人主持，乃又無形停頓。四月五日段政府改令胡維德爲關會全權代表主席，正擬續繼進行；不意時局驟變，段祺瑞宣告下野，各國代表遂不得不謀會議之暫停，五月初間乃紛紛出京回國。七月三日更正式聲明關會停止。自此擾攘半年耗費百餘萬元之特別關稅會議乃暫告終結矣。

綜計此次特別關稅會議之成績，除空洞的承認我國關稅自主原則外，其餘一切協議，全成泡影，惟華會條約之二·五附稅卽行草案，議有具體辦法；吾人殆可云此次會議僅能達到加稅之成議，至於自主目的固尙相距懸絕也。

第五節　最近之關稅自主運動

（甲）　反對重開關稅會議運動

自民國十五年春間北京特別關稅會議因時局變化而停頓後，一般人士以該會不僅不允我國立卽關稅自主，且於附加稅率亦僅允以二·五爲限，因此頗多不滿。惟北京政府於時秉承軍閥意旨，正欲舉行借款以濟燃眉之急，因有促開關會承認二·五附稅之意，國民聞之大憤，於是關稅自主之聲，乃又瀰漫全國。蓋在國民之意，以二·五附稅徒爲現行稅制加增一層嚴密之束縛，內爲軍閥浚新債之源，外爲列強脫舊債之累，而於國民經濟毫無裨益。即就稅收而言，關稅僅加二・五，且以裁釐爲條件，已屬得不償失；三千三百萬之收入尙不及釐金之半，則中央政費亦無從出，更何足以言擔保不確實之外債，故對於此項二・五附加稅，全國商民幾於一致反對。惟軍閥之意既在取得現款，故雖只此數亦樂於承受，以爲借款之抵押用，因極希望關會之再開。

時操縱北京政權者爲吳佩孚，彼且公然宣稱若不續開會議，即逕行宣佈自主。此雖要挾之詞，各國之意不無稍動；然究以中國政局不定，多存觀望之意。適廣州國民政府代理外交部長陳友仁又於七月十四日有書致外交團抗議：謂現在北京政府乃成於兩大舊式軍閥及一羣舊官僚小政客之手，志在攫取關稅問題定後所施之餘惠，結果徒使內亂延長，中國民族之解放運動因以消沈；是以國民政府對於關會重開，及以附稅作抵借款，均極力反對，而各地民衆，尤多反對關會重開之示威運動。列強見此形勢，因對關會益感冷淡。吳佩孚雖令顧維鈞向各國疏通，亦毫無效果。

（乙） 各方自動徵收二·五附稅之經過

華會所允之二·五附稅，既因關會停頓而不能實施，於是廣州國民政府乃於十月中旬，忽自動徵收二·五附稅，而名之曰內地稅；山東亦徵收同性質之青島特捐，荷使乃向北京政府抗議，謂爲違背條約，而北京政府反藉口謂粵魯增加關稅乃關會停頓所致，因更向使團催開關稅會議。無如此際各國代表已深知中國時局已臻紊亂，關會遭全國人民及國民政府之反對，已無重開之必要；加以此際國民政府之勢力因北伐而突形進展，及奠定武漢以後，地位益臻重要。英國於此情勢之下，乃於十二月十八日在荷使署突向關稅會議關係國家提示重大議案，「無條件允許中國得於海關內徵收二·五附稅。」查英國之所以提出此案，蓋一方面鑒於國民政府在事實上已在粵省徵收二·五附稅，其他各省亦有踵而行之者；彼深恐在海關行政上之英人勢力漸將失墜，故特欲於海關內徵收此項附稅，以挽回頹勢。而他方面英人以在過去一年中廣東長江所受排英影響最烈，英國商業頗有崩壞之象，故亦欲藉此舉以回復華人之感情也。

英使新提案提出後，外交界咸爲驚愕不已；惟英國態度甚堅決，曾宣稱他國即不贊成，英國亦當單獨允許中國抽收二·五附稅；未幾日本果起反對，謂須繼續在關會開會解決，不得會外協定。蓋關稅以日本貨物被徵爲多，故日本意在延緩，即二·五附稅亦不欲即行解決也。

至於我國對於英國新案之態度，在北方自然極願承受，以據此即可爲發行新公債之基金；惟南方國民政府，以協定關稅無論收入如何優厚，決不承認；陳友仁與英使藍溥森言，南政府且即須自定關稅云云。民國十六年一月一日國民政府遂即通告於鄂省亦實行征收暫時內地稅，普通品附徵百分之二·五，奢侈品附征百分之五，漢口即由江海關附徵。時北方政權已由直吳而轉移於奉張，見此情形，亦擬自動宣布二釐五與五釐之關稅附加稅，由二月初實施。蓋奉方自軍興以來，餉糈浩繁，北京政府已成石田，而奉票價格又大跌落，難爲充分供應，遂不得不謀以徵收附稅爲唯一生路也。

惟北方自動徵收附稅命令尚未發表，而江蘇聯軍總司令孫傳芳亦已下令蘇督各關於一月二十日起實行徵收二·五附稅，北方顧閣因急於一月十二日召集特別閣議，當晚即下令，謂按照十一年華會中國關稅條約，在裁釐前對於進口貨得徵收附加稅二·五及奢侈品百分之五附稅，自應依據條約精神，先將前項進口附加稅自十六年二月一日起分別徵收。而同時滇省唐繼堯亦訓令騰越蒙自思茅三海關稅務監督實行徵收二·五附稅，以收入交省政府保管。情勢至此，各國知不允中國加徵附稅亦卽無用，因之，除日本外，大都表示贊成。惟日本則希望與中國先行訂立互惠協定，然後實行二·五附稅。外交團之意見既不一致，此事遂又無形擱置，而任從中國各方之自動徵收矣。

二·五附稅，在事實上，既由各方自動徵收後，初洋商擬不繳納、後南方各省多不經由海關征收，而另設一徵收機關辦理此項稅務，進行始稍順利；惟北方本定二月一日開始徵收，詎到期各海關皆以未奉總稅務司之命，拒絕徵收附稅，顧閣乃歸咎於總稅務司安格聯之不奉命，遽行將其免職，而以易紈士為之代理。易紈士初以外交團正抗議北京政府之免安氏職，不欲就職，嗣經中國疏通予安格聯以相當之厚遇，並決議另設「附稅管理處」之機關以徵收二・五附稅，易紈士始行就職。易就職後，天津海關附設之附稅管理處，遂於二月十一日首先徵收附稅，各國商人均照新章納稅，惟日商獨抗繳。其後北方各省相繼開辦附稅，日商亦皆激烈反對。在吉林且有日人攻擊延吉稅關之事。後經多方疏通，日商始克就範。夫以華會條約所允許之加稅，外人已故意留難至此，是亦無怪彼等之欲多方阻撓我國關稅自主也。

（丙）　國民政府實行關稅自主之頓挫

就上所述，由特別關稅會議停頓後之一年內，中國關稅自主運動，在實際上僅只達到各方自動征收二・五附稅之「加稅」爲止，至於眞正之「關稅自主」固尙未獲得，即與加稅並行之「裁釐」亦未實行；因之國民政府乃於十六年六月二十四日中央政治會議第一〇八次會議議決裁釐：『自本年（民國十六年）八月一日起所有廣東廣西江蘇福建安徽六省釐金，及釐金性質相同之通過稅，一律先行裁撤；同時入口關稅，除特定物品如煙酒等依特定稅則徵收外，其奢侈物品値百抽收不過百分之三十；此外普通物品均値百照一二·五徵收。一俟統一各省後，即陸續仿照一律辦理。」

中央政治會議議決上項裁釐案後，一面咨照國民政府查照，一面復致函財政部請其切實進行。但財部以革命軍餉浩繁，一時尚未奉行。而國民政府已毅然決然於七月二十三日佈告，定於九月一日實行裁釐加稅，並同時宣佈關稅自主矣。茲特將關於此事之兩種重要條例錄下：

國定進口關稅暫行條例　第一條，外國貨品運進本國通商各口岸時，按照本暫行條例徵稅。第二條，前條貨品除按照現行稅則值百抽五外，另行徵稅如下：普通品，值百抽七·五，甲種奢侈品值百抽十五，乙種奢侈品值百抽二十五，丙種奢侈品值百抽五十七·五。現行進口稅則規定從量徵稅者，即從量徵收，規定從價徵稅者，即從價徵收。第三條，自本暫行條例施行之日起，其現行之進口貨二五附加稅及奢侈品附加稅，廢止之。第四條，第二條所稱甲乙丙三種奢侈品，其品目表另定之。第五條，應徵進口稅之貨品，除甲乙丙三種奢侈品外，皆爲普通品。第六條，進口違禁品，免稅品，及特准免稅品，暫照現行章程辦理。第七條，本暫行條例之規定，於陸路邊境各關適用之。第八條，本暫行條例，於民國十六年九月一日施行。

裁撤國內通過稅條例　第一條，國民政府爲減除民困整理稅制起見，所有國內通過稅，無論中央收入或地方收入，悉行裁撤。第二條，內地應行裁撤各項通過稅如左：一、釐金統捐統税，貨物稅，鐵路貨捐，郵包釐金；二、商埠五十里內外常關稅，及其他內地常關稅，但陸路邊境常關所徵國境進出口稅不在此列；三、正雜各稅捐中之含有通過稅性質者。第三條，海關應行裁撤各項通過稅如左，一、子口稅，二、復進口稅，三、由此口到彼口之出口稅。第四條，落地稅應與通過稅一倂裁撤。第五條，陸路邊境常關徵收國境進出口稅者，改稱陸關，其徵稅按照國定進口關稅暫行條例，及現行出口稅則辦理。第六條，沿海常關徵收國境進出口稅者，由財政部分別歸倂海關或令海關改設子卡。第七條，自本條例施行日起，如有假借名義，仍前徵收第二條第三條及第四條所指各稅者，查出審訊屬實後，除將所收稅款，追繳交還本利外，幷處以一等至三等有期徒刑，仍得科以一萬元以下之罰金。第八條，軍人犯前條之罪者，由該管軍事機關審訊處罰之。第九條，本條例於民國十六年九月一日施行。

國民政府除頒布以上兩種條例外，並同時頒布一種「出廠稅條例」以爲徵收華洋各工廠製造貨物稅之標準。其稅率則依製造品之性質及種類適用進口稅率；完此稅後之貨物，無論在本國境內或運往外國，不再重徵。惟此種出廠稅係對於中外工廠一律，是則不免有壓抑本國產業發展之趨勢，故國民政府擬於將來再定獎勵金辦法以資救濟。

自國民政府定期宣布關稅自主，施行新稅以後，一般人方以爲八十餘年之束縛，一旦能以革命的手段逕行解除，莫不欣然色喜；不意外交形勢突起變化，英日兩國竟決定一致行動反對新稅；若中政府強迫徵收，則雖用兵力佔領海關，交給使團共管亦所不辭。同時國內外之日本人士反對尤爲激烈：大阪工商業團體於八月八日開「對華商權擁護大會」覺堅決主張用單一自衞的方策以破壞國民政府之實行關稅自主。同日上海「日本紡績業聯合會」亦決定：九月一日國民政府若果實行出廠稅，則上海日紗廠即全行閉廠以爲抵抗。又上海美商會亦電向美公使及美政府抗議，要求保護美僑利益而採取相當行動。

國際之形勢既已如此，而同時華商方面亦以本國工場之「獎勵條例」尙未頒布，若九月一日遽行實施出廠稅例，則華廠恐不免受損綦重，因紛請延緩施行。茲就上海總商會所上國民政府呈文以見一斑。

總商會以爲關稅自主之應展緩實行：（一）則由於此次公布與實行日期相距不過匝月；而在經營進出口之商家之習慣，到貨定貨往往有二三個月以上者，其結果將使商人無法預測貨價之消長，而蒙意外之損失；（二）則奢侈品目表中，尙有待於解釋者甚多，須待改正；（三）則此次裁釐加稅係就六省實施，然因上海爲轉口口岸，以進口貨論，約佔全國百分之四十，以廠貨生產額論，亦達全國百分之五十。此項貨物倘運銷於六省外，則一面既完不再重徵之新稅，一面更納重層剝削之釐金，未免太不公允。（四）則出廠稅稅率規定適用進口稅率，而同時又有發還原料稅款給予華廠獎勵金之辦法；但現時此項辦法尙未能公布，若貿然先行出廠稅，則廠商負擔太重；（五）則華商機製貨物出口，僅免出口稅，而別無退還廠稅之明文，此於華貨行銷外國頗有妨礙。以上五項理由，總商會皆以爲由於手續之未周因請審愼規定延緩施行。國民政府以國內外之形勢既係如此，而政府內部亦正以籌備未周，若匆遽宣佈自主實施新稅，反多罣礙難行，因卽宣告先就廣東廣西兩省實行；至蘇皖閩浙四省，俟上游內地籌備完竣再行令飭施行。會淸黨事起，政局迭變，於是關稅自主運動，乃更不能不遭自然之頓挫矣。

（丁）　一二·五附加稅問題之重燃

國民政府十六年九月一日實行關稅自主之計劃，既因時局變化，未致實現，一時關稅自主運動暫告沈寂。至十七年一月二十七日國民政府財長宋子文在上海忽發表一篇關於關稅的宣告，其內容大致謂中國二十二行省隸屬於國民政府者已有十六省，佔關稅收入全數百分之七十；是以今後對於北京政府否認其有支配全國海關行政權，對於將來總稅務司易紈士亦否認其有法律上的地位。此宣言發表後，易紈士及英人均大恐慌，蓋一方面易紈士對於個人的他位發生搖動，而英國更恐海關行政系統發生變更，則英國特權將受妨礙。於是英使藍溥森及代理總稅務司易紈士遂於宣言發表後之第五日聯袂南下。

易紈士南下之動機，在謀開南北對等關稅會議，一方面固爲示惠於北京政府，一方面卽謀保障英國把持海關之地位。是以彼於南下以前，曾上一關於關稅稅則會議之節略於北京政府，其大意謂：凡稅則自主國家，皆自定稅則，以與他國訂通商互惠之約；現時中國因時局未定，尙未能編訂此項國定稅則，蓋一方政府編訂，他方政府勢必不願承認，是以爲中國經濟發達計，莫如由中國各方政府各派代表於上海開稅則會議，以便共訂一種國定稅則，以爲民國十八年一月一日實行關稅自主之預備。此項稅則，且須交各國政府査閱。末並謂稅則自主若得各國承認，則第一步卽應徵求外交團同意，將現行徵收之二·五附稅改由海關徵收；第二步可請外交團於國定稅則成立宣布以前，允將所有進口貨一律增至値百抽一二·五，卽將前項二·五附稅予以取消。此項新增稅款，除償付外債賠款及整理案內各公債外，餘則撥給管轄各該口岸之政府。

統觀易氏節略，對於國民政府十六年七月間公布之「國立關稅條例」甚爲漠視。此外損害我國國權之處亦不一而足，然彼竟欲勉爲接洽，遂於二月初間飄然南下，易氏抵滬在二月四日，六日晚即往訪宋子文，略述意見，八日在江海關正式會談此事，易氏表示過渡稅可照前特別關稅會議時所議之七級稅率辦理，——即由二·五至二二·五稅率，亦即易氏節略中之一二·五附稅，因一二·五爲七級稅率之平均數也。惟新稅款中除撥還內外債外，須從中提出五百萬或一千萬充償無擔保之外債。此外尚有討議，因守祕密，無由揣知；惟此際滬上輿論反對「南北對等關稅會議」之空氣甚烈，而馮玉祥與閻錫山當時亦有反對宋易融密接洽關稅事宜之表示，因此兩人會晤，遂無結果，易紈士亦即於二十四日北旋。

易紈士運動開關稅會議之事既未成功，然一二·五附稅問題，在北方卻猶成爲討論之焦點。蓋一二·五關稅在光緒二十八年之馬凱條約，即已規定；至民十華盛頓會議更明定由「特別關稅會議」會商履行裁釐加稅之條約如馬凱條約等；不意民十四北京特別關稅會議開會後，除通過空洞的「自主原則」外，各國竟連二·五附稅亦靳而不予，更無論於一二·五附稅；現在二·五附稅雖已自動實施，然在北方口岸，尙有因日本反對而未推行盡利者。此在北方不僅收入上蒙極大之影響，於外交上亦顯然居失敗之地位，是以自民國十七年二月以後，北方關稅自主之聲浪又甚高；不過彼方所宣稱之「自主，」實際上乃在於最短期間辦理一二·五過渡稅，易詞以言，其所注重乃在加稅，而非卽眞正自主也。以日本對華貿易逐漸進展，爲保持中國之好感及英國之商權起見，對於此會英國項一二·五附稅亦極表贊同。惟主張須於一九二九年以前裁撤釐金。英國之主張旣與北京政府之意見相接近，此卽一二·五附稅問題之所以重燃也。

北京政府爲一二·五附稅事，於是年二月五日，卽已正式組成「關稅自主委員會」但成立後二十餘日並未開會；直至易紈士返至北京，方始積極進行。但就當時形勢以觀，北伐戰事日益進展，此際北京政府，自保不遑，曷能有暇及此；而就國際方面以言，日本對於北京政府之征收二·五附稅，尙且不允，欲其承認一二·五附稅，當更無此易事。蓋日本對華商務爲各國冠，一旦關稅增加，自以日本所受貿易上之影響爲最巨；彼苟非先行要挾我國，訂立互惠協定，饜其私慾，自不能允北京政府之再加附稅也。

第六節　修訂關稅新約與關稅自主之完成

（甲）　中外改訂關稅條約之經過

國民政府十六年九月一日實行關稅自主之計劃既遭頓挫，已如前述；逮十七年六月，國民革命軍克復北平（舊北京）國內已告統一，國民政府爲改弦更張起見，乃更謀於修訂條約方面，求關稅自主之實現。因於六月十五日發表對外宣言，鄭重聲明不平等條約之應廢除，而平等及互尊主權之新約應速締結。外交部本此意旨亦於同日發表宣言，聲明（一）已滿期之條約當然廢除，重新另訂，（二）未滿期之條約亦當以正當之手續解除之而另行重訂。此宣言發表後，美國卽首先表示同情。七月間美國國務卿凱洛格（Kelogg）遂以準備改訂條約之意由美使馬克謨照會我國；在該照會中宣稱：『卽以美國駐華公使爲代表，與國民政府依法委派之代表，對於中美間條約關於關稅之規定，卽時商議，以期締成新約，庶關稅自主之原則，及此國之商務在彼國口岸及領土內得享有無異於他國享受之待遇之原則得相互完全表明。』此時國民政府財政部長宋子文適因公赴北平，遂由政府委以全權與美使商訂新約。七月二十五日中美關稅新約在北平簽字，美國承認中國關稅完全自主，此爲國民政府與外國正式締結條約之始，亦卽外國政府於條約中正式承認中國關稅自主之嚆矢也。

中美關稅新約之內容極簡單，條文僅只二款，而最關係重要者爲第一條，其全文如下：

『歷來中美兩國所訂立有效之條約內，所載關於在中國進出口貨物之稅率存票子口稅並船鈔等項之各條款，應卽撤銷作廢，而應適用國家關稅完全自主之原則；惟締約各國，對於上述及有關係之事項，在彼此領土內享受之待遇，應與其他國享受之待遇毫無區別，締約各國不論以何藉口，在本國領土內，不得向彼國人民所運輸進出口之貨物勒收關稅或內地稅或何項捐款超過本國人民或其他國人民所完納者，或有所區別。如於民國十八年卽西曆一九二九年一月一日前，經雙方政府按照以下所規定，業經批准以上之條款，則於是日發生效力，否則隨時按批准日起四閱月後發生效力。

中美關稅新約公布後，予外交界以一大刺激；尤其日本，爲蓄意阻撓中國關稅自主實現起見，對之誹議百出，在在表示其憤激嫉妒之態度；而在我國方面雖多數人對於新約表示歡迎，然亦有微嫌其空洞者：又因約中屢提及「無區別待遇」即變相的「最惠國待遇權」，大有中國與其他各國修約交涉不能成功，則美國仍舊可享列強所享特權之含混意味，因之一般人亦覺不大滿意；不過在列強一向協同謀我之情形下，現在美國居然能首先表示此種友好之精神與我締結關稅新約，不能謂非我國關稅自主史中最可紀念之一事也。

自美國與我訂立新約以後，英國便謀繼起博取對華好感，其他各國亦謀改訂對華關係；故未幾卽有中德條約之成立，（十七年八月十七日簽訂）約文共四條，其第一條卽係規定關稅事項待遇之平等關係者，附錄如下：

「兩締約國以達到關稅事項待遇之絕對平等及補充中華民國十年（一九二一年）五月二十日之中德協約爲目的，議定對於一切關稅及其關係事項，在彼此領土內享受之待遇，應與任何其他國享受之待遇，毫無區別。兩締約國之一，不論在何種情形之下，在其領土內不得向彼國人民所運輸進出口之貨物徵收較高於或異於本國人民或任何他國人民所完納之關稅，內地稅，或何項捐款。

按照中華民國十年（一九二一年）五月二十日中德協約附帶換文內所載，在國定稅率未普通施行之前，德貨入口，得暫照通用稅率完納關稅一節，應即取消。」

中德新約之內容，可議之處雖較中美新約爲尤甚，然在表面上總算根據平等互惠精神，而締結之新約。且自此項新約成立後，國民政府對於條約未滿期之國家，更分別照會，請其先行改訂關稅條款。如下述十七年九月二十九日外交部致法國駐華公使照會，即可概見一斑。

在此項照會中，我國首述現行條約之歷時甚久，兩國之政治經濟商務情形屢經變遷，原先各項規定現時亟應改善；而關稅及其關係事項，尤應首先重訂辦法以期適合現情。因此國民政府提議中法兩國以下列各項爲基礎，尅日先行商訂關稅新約：（一）中法兩國條約國所載關於在中國進口貨物之稅率，存票，子口稅並船鈔等項各條款，應卽作廢，而適用國家關稅完全自主之原則。（二）兩締約國人民，在彼此領土內，對於關稅及其關係事項，享受平等及無歧視之待遇。（三）新約如於民國十八年卽西歷一九二九年一月一日前已經批准，卽於是日起發生效力；否則自批准文件互換之日起發生效力。

上項同性質之照會，對於條約未滿期之國家如英法荷蘭瑞典挪威各國，皆經先後發出，屢費周折，各國始克相繼就範。於是十一月十二日與挪威簽約，十二月十九日與荷蘭簽約，十二月二十日與英國簽約，同日又與瑞典簽約，十二月二十三日復與法國簽約，皆關於「關稅自主」之條約也。茲依次就各約之內容略述之。

先就中挪稅約以觀，條文共二項，規定關稅關係之款亦係在第一條，議定：

「歷來中挪兩國簽訂之有效條約內所載關於在中國進出口貨物之稅率，存票，子口稅以及船鈔等項之各條款，應卽撤銷作廢，適用國家關稅完全自主之原則；惟兩締約國對於上述及有關係事項在彼此領土內享受之待遇，應與任何他國享受之待遇毫無區別。

此締約國在本國領土內不得有何藉口向彼締約國人民所運輸進出口之貨物徵收較高於或異於本國人民或任何他國人民所完納之關稅，內地稅，或何項捐款。」

中荷關稅條約內容大致與上約相仿，惟荷使歐登科爲免除條文發生疑問起見，特又於條約簽字之本日（十二月十九日）照會我國外長王正廷，聲明第一條之規定應包括左列文義，卽：

「此締約國之出產品或製造品，當其輸入於彼締約國之領土屬地或殖民地時，又此締約國之出產品或製造品，當其輸出至彼締約國之領土屬地或殖民地時，所完納之關稅內地稅或任何稅捐，不得異於或高於現在或將來自他國輸入或向他國輸出之同類貨物所完納之關稅內地稅或任何稅捐。』

而王外長亦卽復照承認。嗣中瑞關稅條約亦卽抄襲成文，瑞典駐華代辦雷堯武德亦有如歐登科之解釋條文照會致我國，王外長當亦覆照承認無誤。

在我國與各國所訂關稅條約中，除上述荷瑞兩約附有附件外，而以英法兩國附件最多而又最關重要。茲先錄中英關稅條約之主文四條如下：

第一條　茲約定兩締約國現行條約內所有限制中國任意訂定關稅稅則權之各條款，一律取消，適用關稅完全自主之原則。

第二條　兩締約國人民在中國或本約適用之英國各境內，運入或運出貨物，不得有何藉口，使其完納之關稅內地稅或其他稅項，異於或較高於各本國或其他各國人民自同一產地所運貨物完納之稅款。

第三條　兩締約國現行條約內所有限制中國任意自定船鈔權之各條款，英國承認一律取消。

關於船鈔及與船鈔有關係之一切事項，所有在中國境內之英國船隻及在本約適用之英國各境內中國船隻，其所受待遇，不得次於任何他國船隻所享受之待遇。

第四條　本約須經批准。批准文件，應從速在倫敦互換。自兩國互相通知批准之日起，本約發生效力：

中英關稅條約之主文，已如上述，此在各新訂稅約中，可稱最爲詳密，例如廢止船鈔權之限制，此約中且爲特立一條也。此外在附件中，英公使藍溥森亦有極詳密之規定，關係重大，頗足令吾人之注意，亦爲彙錄如下：

附件之關於關稅待遇者

英藍使致王部長照會

大英國欽命駐華全權公使藍爲照會事：關於大英國大皇帝與大中華民國國民政府主席本日簽訂之條約，擬請貴部長證實本公使下列之見解：

（一）在本約適用之英國領土內出產或製造並運入中國之貨物，及在中國出產或製造並運入上述英國領土之貨物，無論從何處運來，關於進口稅內地稅通過稅，及其有關係之事項所受之待遇，不得次於任何他國出產或製造之貨物所受之待遇。

（二）在中國出產或製造並運往本約適用之英國領土內之貨物，及在上述英國領土內出產或製造並運往中國之貨物，關於出口前所課之出口稅內地稅通過稅，及其有關係之事項所受之待遇，不得次於運往任何他國之貨物所受之待遇。

相應照會貴部長查照爲荷。須至照會者。

〔上項照會當經王外長於同日（民國十七年十二月二十日）復照，『認爲貴公使之見解並無錯誤，』云云。〕

附件之關於英國轄境者

英藍使致王部長照會

大英國欽命駐華全權公使藍爲照會事：關於本日大英國大皇帝與大中華民國國民政府主席蔣簽訂之條約，本公使代表坎拿大澳大利亞紐絲綸南菲洲愛爾蘭自治邦各政府，及印度政府，向貴部長聲明：大英國大皇帝，自本約發生效力之日起，將各該政府按照現行條約內，所有任何限制中國自定關稅稅則及船鈔數目權之各條款所享之權利放棄之。並向貴部長聲明：大英國大皇帝更將其關於紐芬蘭南羅得西亞及非自治之各殖民地，暨保護國，所有上述之權利，亦行放棄。茲本公使樂予接受大中華民國國民政府聲明在上述大英國大皇帝轄境內之任何部份或統治下之任何地方，或屬大英國大皇帝宗主權下之任何地方，或在大不列顛及澳大利亞紐絲綸南菲洲各政府行使委任統治之任何地方，對於中國境內出產或製造所予待遇，不異於任何他國出產或製造之貨物時，則中國對於上述各該地方內出產或製造之貨物，亦給予最惠之待遇。並極樂予接受大中華民國國民政府聲明，在上述各地方出產或製造運赴華境之貨物所受待遇，不異於運赴任何他國貨物所受之待遇時，則在中國境內出產或製造運赴上述各地方之貨物，其在出口前所納之出口稅，內地稅，通過稅，或關係上述各稅之一切事項，亦給予最惠國之待遇。相應照會貴部長查照可也。須至照會者。

（上項照會先經王外長同日覆照照樣聲明）

附件之關於釐金雜稅者

英藍使致王部長照會

大英國欽命駐華全權公使藍爲照會事：關於大英國大皇帝與大中華民國國民政府主席本日簽訂之條約，本公使茲特聲明其見解：在國民政府採用之國定海關稅則中，所有按值徵收，或根據於該稅則之特定稅率，與一九二六年關稅會議所討論及暫時議定之稅率，係屬相同，而爲對於英國貨物所課最高之稅率，且此項稅率從該稅則實行之日起，至少於一年內應繼續爲該項貨物之最高稅率，該稅則實行須於兩個月前通知，如貴部長認爲上述各節並無錯誤，實所欣幸。設令現在所收關稅以外之各項稅捐，於國定稅率實行之後，繼續存在，則英國人民對於新稅則之效力，對不免發生疑慮。本公使用特請貴部長對於大中華民國國民政府去年七月二十日表示將及早設法廢除厘金常關稅沿岸貿易稅，及別項進口貨物稅如通過稅落地稅等之宣言，加以注意。並希望貴部長代表國民政府申明其意思。凡貨物依照新訂或續訂國定稅則中之應課稅率，向海關一經完納進口稅後，將從速使其免除具有上述宣言中所列各稅性質之任何稅項。相應照會貴部長查照。並希見復爲荷。須至照會者。

〔上項照會當由王外長同日覆照承認〕

附件之關於陸地稅則者

王部長致英藍使照會

大中華民國外交部長王爲照會事：關於本日簽訂之條約，茲本部長代表中華民國國民政府聲明：對於新訂海關稅則，意欲一律適用於中國海陸邊界，故從新稅則實行之日起，所有陸路進出口貨物，現在所課之優待稅率，予以廢止。相應照會貴公使查照爲荷。須至照會者。

英藍使復王部長照會

大英國欽命駐華全權公使藍爲照復事：接准貴部長本日照會內開：「本部長代表大

中華民國國民政府聲明對於新訂海關稅則，意欲一律適用於中國海陸邊界，故從新稅則實行之日起，所有陸路進出口貨物現在所課之優待稅率，予以廢止』等由，業經閱悉英國政府對於該項聲明完全同意。相應照復貴部長查照爲荷。須至照會者。

中英關稅條約簽訂以後，逾二日（民國十八年十二月二十三日）中法關稅條約亦遂宣告成立。稅約中除承認我國關稅完全自主，相互平等待遇等關係外，亦復具有重要附件多種，此於我國關稅問題中亦頗關係重大，因一併錄後，以備參考。

中法關稅條約

第一條　所有中法兩國間簽訂之有效條約內，所載關於在中國進出口貨物之稅率，存票子口稅以及船鈔等項之各條款，應即撤銷作廢。對於關稅及其關係問題，此後應適用完全自主之原則。惟兩締約國對於上述及其關係問題，在彼此領土屬地殖民地及保護地內享受之待遇，不得次於任何他國實際上享受之待遇。

第二條　此締約國在本國領土屬地殖民地及保護地內，不得有何藉口，向彼締約國人民所運輸進出口之貨物，征收高於或異於本國人民或任何他國人民所完納之關稅，內地稅或任何稅項。

第三條　本條約以中法兩國文字合繕該約二份，業經校對無誤。遇有意義兩歧之處，應以法文爲準。

本條約應於最短期內批准，批准文件，於巴黎交換。自兩國政府互相通知批准之日起，本條約發生效力。

法瑪使照會王外長

大法蘭西國特命駐華全權公使瑪，爲照會事：關於本日簽訂之條約第一條，本公使對於附表內列舉之中國貨物，承認得繼續適用法國最低稅率至簽訂下節所開之協定爲止。至其他之中國貨物，中國政府欲享受法國最低稅率者，因法國政府限於關稅制度，不能將其最低稅率之待遇全部允許，故決定另行議訂相互協定稅率之協定，相應照請貴部長查照爲荷。須至照會者。

附運入法國時享受最低稅率之中國貨物表

純粹絲織品　純粹絲織項巾　純粹絲織縐紗　純粹絲綢　純粹絲花邊　胡椒

辣椒　肉桂　連殼及無殼豆蔻　丁香　茶葉

王外長照覆法瑪使

大中華民國外交部長王，爲照復事：准貴公使本日照會，關於中法兩國政府現經簽訂條約中第一條之實施，本部長對於來照所開各節完全同意，相應照復貴公使查照可也。須至照會者。

法瑪使照會王外長

大法蘭西國駐華全權公使瑪，爲照會事：當此次會議時，彼此以友好精神，研究中法兩國之各種懸案，本公使以爲彼此交換意見之結果，應述明如左：

（一）法國政府準備卽日開議，以便簽訂替代一八八六年四月二十五日中法陸路通商章程，一八八七年六月二十六日中法續議商務專條，及一八九五年六月二十日中法續議商務專條附章之新約。爲中法兩國之利益起見，當會議進行時，關於越南現狀，不加變更。惟陸海邊界劃一征收關稅之原則，應無變動；卽中國沿海有效之稅則，同時應適用於越南邊境但對於進出口貨物現行之減稅成數，在法政府方面準備迅予結束之會議期間，仍暫有效。

（二）爲發展中法兩國經濟關係起見，對於貨物，應不征收重稅。因此，中法兩國政府對於廢除釐金，認爲適當。再於海關正稅外，加征替代釐金之各省稅捐，對於商業亦屬不利，法國政府深信國民政府俟新稅則實行後，將於最短期間內廢除釐金，並切實制止前項各省稅捐之征收。

（三）中國政府所欠法國之某種種借款，因財政困難中止償付，如以關稅餘款之一部份償付此項借款，則爲發展中法兩國經濟關係之一種辦法，法國政府深信國民政府對此，當採相當之處置也。

相應照請貴部長查照爲荷。須至照會者。

王外長照復法瑪使

大中華民國外交部長王，爲照復事接准貴公使本日照會，關於（一）在越南邊境行將施行中國新稅則及截至簽訂新條約止，維持越南現狀，（二）廢除釐金之適當，（三）採取適當方法，以保證償付某種借款各節，本部長對此完全同意，相應照復貴公使查照可也。須至照會者。

王外長照會法瑪使

大中華民國外交部長王，爲照會事，國民政府希望於一九二九年三月三十一日以前，得與貴國政府簽訂關於越南之新約，將來之訂約會議，業經提及在案，貴公使本日來照，所提在越南邊境對於進出口貨物之減稅辦法，自一九二九年三月三十一日起，雖新約未曾簽訂，亦應卽予廢止。相應照請貴公使查照爲荷。須至照會者。

法瑪使照復王外長

大法蘭西國駐華全權公使瑪，爲照復事，准貴部長本日照開：『在越南邊境對於進出口貨物之現行減稅成數，於一九二九年三月三十一日，雖當時新約會議尚未結束，亦應即予廢止』等由，本公使業經閱悉，爲妥善起見，相應照復貴部長查照可也。須至照會者。

法瑪使照會王外長

大法蘭西國特命駐華全權公使瑪，爲照會事：茲本國政府令派本公使於明年一月下半月內進行簽訂關於越南之新約會議，相應照請貴部長查照爲荷。須至照會者。

上述中美中德中荷中瑞中英中法各關稅條約相繼簽訂後，國民政府欲藉修訂條約以達關稅自主之目的，殆可云已達十之七八；而同時對於其他各國所締結之新約，亦均規定關稅自主條款，例如中比友好通商條約（十七年十一月廿二日簽訂）之第一條則規定：

『兩締約國承認對於關稅及一切關係事項，彼此根據完全平等之原則，並根據此項原則，約定關於此類事項，彼此完全以各本國之國內法規定之。

兩締約國，又約定對於一切關稅問題及其關係事項，此締約國在彼締約國領土內，享受之待遇，不得次於任何他國享受之待遇；此締約國在本國領土內，不論在何種情形之下，對於彼締約國人民貨物之進口及出口，不得向其征收較高或異於本國人，或任何他國人民所完納之稅關，內地稅或其他任何稅款。』

中意友好通商條約（十七年十一月廿七日簽訂）之第一條亦規定：

『兩締約國約定關於關稅及其關係事項，完全以各本國國內法行之。

兩締約國，又約定：對於關稅及其關係事項，此締約國在彼締約國領土內應享受之待遇，不得次於任何他國享受之待遇。此締約國在本國領土內，不得有何藉口，對於彼締約國人民貨物之進口或出口，徵收較高或異於本國人民或任何他國人民所完納之關稅，內地稅或任何稅款。

他若中丹友好通商條約（十七年十二月十二日簽字）中葡友好通商條約（十七年十二月十九日簽字）中西友好通商條約（十七年十二月二十七日簽字），亦均於第一條特別規定關稅條款，承認關稅自主之原則，其文句大體相同，茲不彙錄。

（乙）　實施新稅則與關稅自主完成

綜上所述，國民政府之修約交涉成功亦卽關稅自主運動之最後成功；惟修約交涉對於他國之阻礙尙小，而受日本之妨害則甚大。查自十七年十月中旬與日本進行交涉後，屢次會議迄無何等結果。蓋日本鑒於中國要求關稅自主之迫切，大有乘機要挾因緣爲利之奢望，如提出整理無擔保之日債，要求先訂立片面利益的互惠協定，強欲避免濟南慘案之責任，以及取締排斥日貨等，皆爲我國民所不能容忍者，而日人則大有作爲交換條件之用意；因此我國之關稅自主以未得日本之諒解，久之未能實施。直至十七年十二月七日，國民政府方決定自十八年二月一日起本關稅自主之原則，施行新稅率，同時由外交部照會各國，謂：『中國現行進口稅則，沿用均一稅率之制，已歷八十餘年。現在時移勢易，此項稅率，久已不適於用，且與各國稅制通行之原則互相背馳。國民政府爲應時勢整理稅制起見，特令由各主管機關妥訂進口稅率表，業經明令公布，定於民國十八年二月一日實行，相應照會。』逮今年（一九二九年）二月一日，各地海關徵稅，遂實行新稅率表，各國政府以事先均有接洽，亦均不加反對。我國之關稅自主，至此遂得眞正實現矣。

夷考中國受協定關稅之束縛，八十八年於兹，現時幸得解放，恢復自由，自爲吾人深堪欣慰之一事；惟竊念新稅率之得實施，其最大之一原因，尙因稅率極低，幸能遷就與我貿易關係密切各國之意旨，故殊無所用其反對；（按新稅率自值百抽七·五至值百抽二七·五，平均稅率約爲十二·五，較各國之通行稅率爲低。）倘使吾國誠欲發揮眞正關稅自主之精神，斷然實行適合國情之關稅政策，則橫逆之來，方興未艾，吾人正不必以能自定稅率爲滿足；他若海關行政權與管理權之收回，積極建設關稅政策之實施，要均爲今日當務之急，而有待於國民與政府之共同努力正般也。